PUBLICATIONS POSITIVISTES

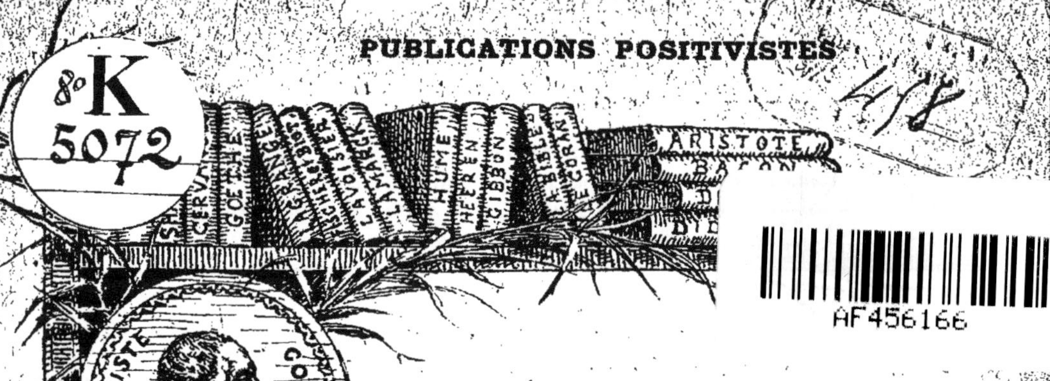

A. HILLEMAND-JOYAU

DANTE

SA VIE ET SON ŒUVRE

Extrait de la Revue Positiviste Internationale *de Janvier à Juillet 1914 et de Février 1915.*

Prix : 2 francs.

PARIS

SOCIÉTÉ POSITIVISTE INTERNATIONALE

54, rue de Seine, 54.

1915

LA REVUE POSITIVISTE INTERNATIONALE

Publiée sous la direction de Émile CORRA

PRÉSIDENT DU COMITÉ POSITIF OCCIDENTAL

Avec le concours de la presque unanimité des anciens Rédacteurs de la Revue Occidentale fondée par Pierre Laffitte, en 1878

Paraît 8 fois l'an (1er Janvier, 15 Février, 1er Avril, 15 Mai, 1er Juillet, 15 Août, 1er Octobre, 15 Novembre), par fascicule d'environ 112 p.

Elle est l'organe de la **Direction** *de la* SOCIÉTÉ POSITIVISTE (*fondée par* A. COMTE, *en 1848, et réorganisée, en 1906, sous le nom de* SOCIÉTÉ POSITIVISTE INTERNATIONALE).

Chaque Numéro se compose — ESSENTIELLEMENT : 1° d'*Articles de fond*, consacrés à l'exposition, au développement, à l'illustration ou à la défense de quelqu'une des conceptions d'A. Comte et de P. Laffitte ; 2° de *Bulletins* destinés à mettre le lecteur au courant du mouvement positiviste chez les diverses populations de la planète et à apprécier, s'il y a lieu (et sous la responsabilité des signataires), les actes politiques de leurs gouvernements ; 3° d'*Articles bibliographiques* consacrés à l'appréciation (sous la responsabilité des signataires) des publications nouvelles qui sont de nature à intéresser le Positivisme ; — ACCESSOIREMENT : de *Pages libres* réservées à la publication de travaux dont les auteurs se réclament de la Méthode et de la Philosophie positives, mais dont la teneur peut prêter à de sérieuses réserves de la part de la Direction, soit pour cause d'innovations en contradiction avec la pensée de A. Comte et de P. Laffitte, soit pour cause d'inopportunité, soit pour d'autres motifs.

S'adresser, pour tout ce qui concerne la rédaction, le lundi à une heure un quart, au Dr CONSTANT HILLEMAND, *Rédacteur en Chef de* La Revue Positiviste Internationale (*126, rue de Rennes, Paris*), *qui en réfère, s'il y a lieu, à* M. CORRA, *Directeur du Positivisme* (*16, rue Chauveau, à Neuilly-sur-Seine*).

Le prix de l'abonnement annuel est : de **20 francs** pour la France et ses Colonies ; de **22 francs** pour les autres Pays. Il part de Janvier ou de Juillet.

PRIX DU NUMÉRO : **2 FR. 75**

Pour tout ce qui concerne l'administration, les abonnements, etc., s'adresser **à M. Fagnot**, *Administrateur de* La Revue Positiviste Internationale *54, rue de Seine, Paris VIe*.

COMITÉ CONSULTATIF DE RÉDACTION

(DEPUIS LA FONDATION DE LA REVUE EN JUILLET 1906).

DANTE

G.-H. LEWES : *La Philosophie des Sciences de Comte*, traduction par A. HILLEMAND-JOYAU. 1 vol. in-8 de 380 p. (1910).

DANTE

SA VIE ET SON ŒUVRE

RELIGION DE L'HUMANITÉ.

L'Amour pour principe,
L'Ordre pour base
et le Progrès pour but.

Vivre au grand jour.
Vivre pour autrui :
la Famille, la Patrie, l'Humanité.

FÊTE

DU

MONOTHÉISME MÉTAPHYSIQUE

(DANTE)

Le Dimanche 19 Octobre 1913

(12 Descartes 125)

Au siège de la Société positiviste, 2, rue Antoine-Dubois

à quatre heures précises de l'après-midi.

RELIGION DE L'HUMANITÉ.

L'Amour pour principe,
L'Ordre pour base
et le Progrès pour but.

Vivre au grand jour.
Vivre pour autrui :
la Famille, la Patrie, l'Humanité.

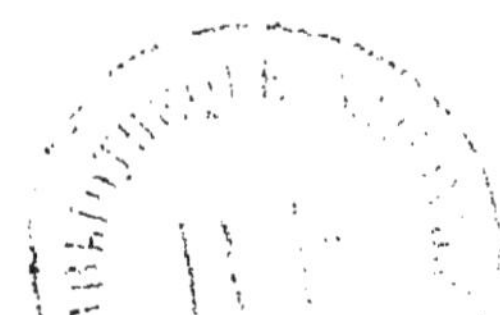

FÊTE

DU

MONOTHÉISME MÉTAPHYSIQUE

(DANTE)

Le Dimanche 19 Octobre 1913

(12 Descartes 125)

Au siège de la Société positiviste, 2, rue Antoine-Dubois

à quatre heures précises de l'après-midi.

I

Méditation de Durand.

(Piano, violon et violoncelle)
Mme Vandœuvre, MM. Stahl et Vandœuvre.

II

INVOCATION A L'HUMANITÉ
de Richard Congrève et Pierre Laffitte

APPRÉCIATION DE *DANTE*

par Mme A. Hillemand-Joyau.

III

Adagio du septuor de Schumann
arrangé en trio.

(Piano, violon et violoncelle)
Mme Vandœuvre, MM. Stahl et Vandœuvre.

IV

LECTURES

1. *La Divine Comédie* (Extraits), traduction de A. de Margerie.
2. *Sonnet à Dante*, par Michel-Ange.
3. *Dante*, par Auguste Barbier.

V

Adagio du quatuor de Schumann.

(Piano, violon, alto et violoncelle)
Mme Vandœuvre, MM. Stahl, Hyard et Vandœuvre.

CULTE

FÊTE DU MONOTHÉISME MÉTAPHYSIQUE

INVOCATION A L'HUMANITÉ

(de R. Congrève et P. Laffitte)

AU NOM DE L'HUMANITÉ !

L'Amour pour principe
Et l'Ordre pour base ;
Le Progrès pour but.

En cette fête où nous venons honorer l'Humanité en l'un de ses plus glorieux représentants, commençons par nous mettre en communication d'esprit et de cœur avec tous les centres de notre foi, avec nos frères isolés ; avec les membres de toutes les autres organisations religieuses ou croyances quelconques, monothéistes, polythéistes ou fétichistes, toutes les distinctions secondaires étant subordonnées à l'existence du lien religieux, caractère commun et fondamental ; avec la race humaine tout entière, avec l'homme quelles que soient sa Patrie et sa condition, toute différence s'effaçant devant la participation commune à la vie de l'Humanité ; avec les races animales elles-mêmes qui, pendant le long effort de la nôtre pour s'élever, ont été pour elle des compagnes et des aides, ce qu'elles sont encore.

Mettons-nous également en communication avec cette immense légion de prédécesseurs qui constitue le passé de notre espèce. Rappelons-nous avec reconnaissance les services des générations qui, en disparaissant, nous ont légué le résultat de leurs travaux, et dont nous voulons transmettre l'héritage augmenté et agrandi à nos successeurs.

Reconnaissons aussi les bienfaits de notre mère commune, la Terre ; en même temps que la Planète qui nous sert de demeure, célébrons les Astres qui forment notre système solaire ; de cette commémoration de notre monde ne séparons pas la conception de l'Espace dont l'utilité, si grande dans le passé, doit s'accroître encore, pour notre perfectionnement intellectuel et moral, en devenant le siège des lois abstraites qui constituent le Destin.

Du Présent et du Passé étendons nos sympathies à l'Avenir, aux générations qui ne sont pas nées encore, et qui, pour goûter un sort plus heureux, nous succéderont sur cette Terre ! Que leur pensée, constamment présente à notre esprit, complète la conception de l'Humanité, telle que nous l'a révélée le fondateur de notre Religion, qui, dans cette continuité, nous a montré le noble caractère de notre existence !

Mais, en ce jour, invoquons surtout la mémoire du plus grand des serviteurs de l'Humanité. — O le plus grand et le plus noble des maîtres, que tous ceux qui se reconnaissent tes disciples, guidés par tes théories, tiennent tête à tous les obstacles que l'indifférence ou l'hostilité sèment sur notre route, au milieu de cette époque de révolution ; sans espoir de récompense, sans se laisser abattre par l'insuccès de leurs efforts, dans un esprit de soumission et de vénération, qu'ils poussent en avant la grande œuvre à laquelle tu as consacré ta vie : l'œuvre de la régénération de l'Humanité.

DANTE

Mesdames, Messieurs,

Pour bien comprendre et pour apprécier, à leur juste valeur, Dante et son œuvre, il convient de replacer l'un et l'autre dans le milieu qui les vit surgir. Nous chercherons donc, en nous inspirant de la méthode relative dont Auguste Comte fut le premier introducteur en histoire, à nous affranchir des siècles qui nous séparent de la fin du Moyen-âge, et nous considérerons l'époque où fut écrite la *Divine Comédie* sous trois aspects différents : au point de vue social et politique, au point de vue moral, au point de vue littéraire.

Au XIIIe siècle, c'est-à-dire au moment où apparaît Dante, l'anarchie morale correspond à l'anarchie religieuse et entraînera, par voie de conséquence, l'anarchie politique. Comme dans toutes les périodes de transition, d'ailleurs, nous assistons au conflit des idées nouvelles et des principes traditionnels. Un besoin de vitalité se manifeste dans tous les ordres d'idées, économique, politique, social, philosophique, littéraire et artistique : c'est le bourgeon prêt à éclater d'où s'épanouira la Renaissance. Chargé du passé, et gros de l'avenir, le XIIIe siècle sera, particulièrement pour l'Italie, une époque de lutte et d'enthousiasme.

En l'examinant d'abord au point de vue politique et social, nous constatons que Florence, dont le rôle, jusqu'ici, avait été obscur, est à la veille de prendre une situation prépondérante dans l'histoire de la civilisation occidentale et de mériter le nom d'« Athènes des temps modernes ».

« Très belle et très illustre fille de Rome — ainsi s'exprime son grand poète, — Florence avait été créée, à son image et à sa ressemblance, et, dans ses citoyens, on reconnaissait la race sacrée des Romains qui vinrent s'établir sur les bords de l'Arno ».

La richesse de son sol, la douceur de son climat, la vivacité et l'intelligence industrieuse de ses habitants avaient contribué, pour une grande part, à son développement rapide. Mais de plus, comme nous le fait remarquer Perrens dans son intéressante *Histoire de la civilisation florentine*(1), les arts industriels avaient pris un grand essor, grâce à la création des changeurs ou banquiers. A l'encontre de l'Église et de Dante, les Florentins considéraient l'argent comme une marchandise qui se donne à loyer, et estimant que le prêt de l'argent pouvait encourir des risques, ils le proportionnèrent au bénéfice présumé de l'emprunteur. Or, du fait qu'ils étaient tout dévoués à l'Église, et qu'à Rome affluaient des trésors considérables (revenus des membres du clergé, denier de Saint-Pierre et autres offrandes), ils devinrent, dès le XIIe siècle, les changeurs du pape, *compsores papæ*. Ce fut ainsi que cet art, tout nouveau dans sa forme, se développa si rapidement. Cela nous prouve, entre parenthèse, que si l'Église croyait devoir s'élever, dans son enseignement moral, contre l'usure, elle ne se priva pas, du moins, d'avoir recours aux services des usuriers pour ses opérations financières.

Comme les autres villes de l'Italie, et plus encore, peut-être, Florence, dès le début du XIIIe siècle, était partagée entre des factions tour à tour ennemies ou alliées ; le travail, suspendu par des rixes fréquentes, se reprenait sans souci des escarmouches de la veille ; souvent même, la guerre intérieure ne suffisant pas à la turbulence de ses habitants, ceux-ci allaient porter leurs armes à l'extérieur. Mais au-dessus de ces querelles intestines existait toujours la vieille rivalité des deux factions pontificale et impériale, les Guelfes et les Gibelins : les premiers qui tiraient leur nom des ducs de Bavière, les Welf, dont l'un avait épousé la comtesse Mathilde, bienfaitrice de

(1) Ch. Ier.

l'Église, et qui avaient soutenu la cause pontificale, en la personne de Grégoire VII, contre l'empereur Henri IV ; les seconds, ainsi nommés, de Weibling, lieu d'origine des comtes Hohenstaufen qui représentaient la cause impériale.

Dans les querelles qui divisaient alors Florence, nous retrouvons toujours, mêlés à ses discordes, les noms de ces deux importantes factions. Pour bien comprendre ce partage d'influence entre la Papauté et l'Empire il faut considérer que la Féodalité, introduite par les Lombards, n'avait pu trouver en Italie le même assentiment que dans les autres contrées d'Occident, le souvenir de son ancienne organisation romaine étant encore trop présent à l'esprit de ses populations. Aussi les villes du Nord de la péninsule avaient-elles réclamé, de très bonne heure, des libertés que les seigneurs leur avaient accordées à prix d'or ; près du Saint-Siège elles avaient trouvé une protection plus désintéressée : de là, l'union du parti populaire avec la Papauté, tandis que la noblesse s'était rangée sous l'étendard de la cause impériale.

Florence était dominée par le parti des Guelfes ; il y allait de son intérêt, puisque ceux-ci étaient banquiers du Saint-Siège et que la prospérité de la cité dépendait en partie des richesses qui passaient entre leurs mains. Une haine terrible régnait entre Guelfes et Gibelins : les premiers, travailleurs opiniâtres, ne pouvaient supporter l'inaction des seconds, représentés par des nobles qui semaient partout le désordre, et qui mettaient leurs adversaires dans l'obligation d'arrêter leurs travaux pour les combattre. Aussi, lorsque le différend entre les deux pouvoirs, spirituel et temporel, se fut momentanément apaisé, par le triomphe de la Papauté, la démocratie et l'aristocratie, loin de mettre bas les armes, n'en demeurèrent pas moins ennemies, et lorsqu'en 1215 des querelles de familles éclatèrent à Florence, elles se greffèrent indirectement sur cette grande lutte entre la Papauté et l'Empire. Des intérêts particuliers étant venus à diviser les grandes familles nobles, il y eut une noblesse guelfe, comme il y avait une noblesse gibeline. Si cette dernière compta, parmi ses membres, les plus puissantes familles, la première, en revanche, trouva un sérieux appui dans le parti populaire. Tour à tour battus et victorieux, les Gibelins furent exilés en 1251, après l'expédition brillante dirigée par les Guelfes contre Pistoia. Florence eut alors une période de prospérité qui compte pour l'une des plus brillantes de son histoire. C'est à ce moment qu'elle envoya l'élite de sa jeunesse aux universités de Bologne et de Paris. Cette propérité si grande, n'est pas sans étonner au milieu des luttes intérieures qui semblent avoir déchiré sans répit la cité ; c'est qu'en réalité, si elles purent momentanément ralentir son activité laborieuse, du moins, elles ne la supprimèrent jamais. Après la sanglante bataille de Monte Aperto (1260), les Gibelins vainqueurs, grâce au secours des Allemands, ressaisirent le pouvoir ; mais leur domination ne pouvait être qu'éphémère dans ce milieu guelfe et si foncièrement industriel ; ils furent donc de nouveau chassés, forcés d'abandonner le gouvernement à leurs adversaires, et réduits à se réfugier dans leurs châteaux-forts. Le parti guelfe se donna alors une solide organisation, avec une constitution nouvelle, « et cet état dans l'état », selon l'expression de A. de Margerie (1), devint l'état lui-même. N'ayant plus d'ennemis à combattre, les Gibelins étant devenus sans influence, le parti guelfe, toujours agité et turbulent, ne tarda pas à se diviser, du fait de la rivalité qui se développa entre ses éléments aristocratiques et démocratiques ; sous les dénominations de Noirs et de Blancs, les Guelfes plébéiens et les Guelfes patriciens allaient reprendre la lutte sur le terrain municipal et féodal. Tel était l'état de la société et de la poli-

(1) *Dante : La Divine Comédie,* 1900.

tique florentines, lorsque Dante entra dans la vie publique.

Si nous considérons maintenant l'état intellectuel, moral et religieux de Florence et des autres villes de l'Italie, ce qui frappe, tout d'abord, c'est l'émancipation des esprits et le relâchement des mœurs.

L'ardent désir de savoir, qui se manifestait sous l'influence d'Aristote, remis en honneur par les commentaires d'Avicenne et d'Averrhoës, avait donné essor à une grande activité intellectuelle, avide de déchiffrer ces traités ; ainsi était né l'art du raisonnement d'où avait surgi le doute. Deux courants d'idées philosophiques régnaient alors : l'un, sous le nom de mysticisme, qui déclarait que la connaissance ne peut reposer ni sur les sens, ni sur la raison, susceptibles de nous tromper, mais bien sur l'intuition et la contemplation, capables de nous communiquer l'intelligence nécessaire ; l'autre, sous le nom de rationalisme, qui s'appuyait entièrement sur la sensation, l'analyse et le raisonnement.

Dès le xe siècle la corruption du clergé et la pratique de la simonie avaient menacé l'Église dans sa base même. On avait vu, à Rome, la Papauté mise aux enchères, au même titre que toutes les autres dignités ecclésiastiques ; la foi populaire, à la vue de ces spectacles, avait été profondément ébranlée. Sans doute, sous l'impulsion du grand Grégoire VII, la Papauté avait réagi contre ces abus et avait paru en triompher, mais, restée sans contrepoids, par suite du trop grand abaissement du pouvoir temporel, elle n'avait pas tardé à abuser de sa puissance sans contrôle ; aussi, sous les successeurs d'Innocent III, voyons-nous la corruption reparaître à la cour de Rome, et se répandre dans le clergé italien.

A l'incrédulité affectée des Gibelins, partisans de l'empereur, les Guelfes, clients du Saint Siège, répondaient naturellement par un excès de pratiques religieuses ; mais en réalité, l'intérêt, plus que la foi, était en cause, et cela est si vrai que, d'après Perrens, maints marchands, qui ouvraient leurs caisses aux besoins de l'Église, négligeaient de se confesser à leur lit de mort, si bien qu'un règlement de police avait donné le pas au confesseur sur le médecin et que défense avait été faite de soigner le corps avant d'avoir pourvu aux soins de l'âme; de même, nombre d'artisans ne chômaient pas le dimanche ni le jour de Pâques, et, dans les cérémonies sacrées, à l'offrande, certains, au lieu de déposer leur pièce de monnaie dans la cassette tendue à leur générosité, dérobaient, au contraire, le plus possible pour acheter des chapons. « Parmi les intellectuels de l'époque, Farinata des Uberti, à l'exemple d'Épicure, pensait que « le bonheur ne doit être cherché qu'en ce monde » ; Cavalcante Cavalcanti déclarait, de son côté, que l'âme meurt avec le corps, et l'homme comme la bête, selon le mot de Salomon. Son fils, le poète Guido Cavalcanti (1), grand ami de Dante, et « second œil de Florence en ce temps » au dire de Benvenuto d'Imola, commentateur de l'immortel poète, professait les mêmes doctrines, et on le prétendait même « en quête d'arguments pour prouver qu'il n'y a pas de Dieu » (Perrens).

Les grands festins donnés dans les églises, au pied des autels, se terminaient généralement par des orgies et des scènes scandaleuses. Les moines eux-mêmes étaient autant efféminés dans leurs manières que dans leurs habits. Boccace et d'autres conteurs, loin d'être mis au ban de l'opinion chrétienne, conservaient suffisamment d'autorité pour reprocher aux clercs la vente des indulgences, leurs empiètements sur le pouvoir civil, et le dévergondage de leurs mœurs. Sacchetti, bien que guelfe, s'élevait contre la tendance à oublier les vrais saints pour de faux bienheureux : « on abandonne ainsi, disait-il, la vieille voie pour la nou-

(1) Certains commentateurs prétendent qu'il ne partageait pas l'épicurisme de son père.

velle, par la faute des religieux qui découvrent un corps enterré dans leur église, lui prêtent des miracles et le mettent en tableaux pour attirer, non pas de l'eau à leur moulin, mais de la cire et de l'argent ».

Maintes anecdotes nous attestent encore le développement de ce scepticisme au sein même du clergé : — Un curé, porteur du viatique, devait passer un torrent gonflé par les eaux ; il se met en route, tenant en l'air la sainte hostie fixée au bout de son bâton. Parvenu, non sans peine, à l'autre rive, il est reçu par des paysans qui lui disent : « Vous êtes bien heureux d'avoir eu Notre-Seigneur avec vous, sans lui vous ne vous en seriez jamais tiré ! », et le curé de répondre plaisamment : « Mes enfants ! si je ne l'avais aidé mieux qu'il ne m'a aidé lui-même, la rivière nous aurait emporté tous les deux !.... » — « Tel autre néglige de réparer la toiture de son église, et aux zélés qui lui reprochent d'en éloigner ainsi les ouailles, il répond : « Dieu a dit que le monde se fasse et il a été fait. Eh bien, qu'il dise : que l'église soit couverte et elle le sera » (1).

On sait par Villani que, dès 1115, il existait à Florence un groupe important d'épicuriens. Plus tard, au dire de Benvenuto d'Imola, le matérialisme serait devenu la doctrine des Gibelins qui passaient pour athées. — D'après Ozanam, une secte pythagoricienne, disséminée dans les villes de la Pouille et de la Toscane, avait ses adeptes et ses mystères (2). La cour de Rome n'était pas sans se préoccuper de ce mouvement émancipateur ; mais elle crut plus prudent de fermer les yeux, dans la crainte d'aggraver la situation. Elle pensa, comme le fait remarquer Aroux dans son étude sur *Dante hérétique, révolutionnaire et socialiste,* qu'il lui serait plus funeste de dénoncer l'hostilité à

(1) Perrens. *Histoire de la civilisation florentine,* chap. IV.

(2) *Dante et la philosophie catholique au XIIIe siècle,* 1845, 1re partie, ch. III.

l'égard de ses dogmes, contenue dans certains écrits, que de laisser circuler des fictions dans lesquelles le plus grand nombre de croyants voyaient seulement des œuvres d'imagination. « Si les bulles, » dit-il, « qui proscrivaient l'étude du provençal, au lieu de s'appuyer ostensiblement sur les traductions de la Bible et des Évangiles dans cette langue, avaient déclaré que toutes ces poésies amoureuses des troubadours ne faisaient que de chanter l'hérésie et pousser à la ruine de la foi catholique, elles auraient produit un effet diamétralement opposé à celui qu'on en attendait et qu'elles ont obtenu; on aurait étudié avec plus de zèle que jamais l'idiome ennemi ». Cet aveu de la part d'un écrivain catholique n'est pas sans importance pour démontrer à quel point les tendances émancipatrices étaient prononcées à l'époque de Dante.

Aussi, devant ce spectacle de scepticisme et de mœurs dissolues, un grand désir de réforme se manifestait parmi l'élite de la chrétienté ; et comme chacun tendait à comprendre cette réforme selon ses idées propres, et non selon celles de l'Église, déconsidérée publiquement par les abus de son sacerdoce, il s'ensuivit que ce mouvement réformateur impliquait fatalement des tendances hérétiques.

C'est de ce besoin impérieux de transformation dans l'ordre moral et de réadaptation du dogme, selon l'état de la connaissance du temps, que Dante se fit l'interprète en écrivant la *Divine Comédie.*

En ce qui touche la littérature, c'était bien en Italie qu'elle devait s'épanouir le plus vite, car aucune des perturbations antérieures n'avaient pu porter atteinte aux dons naturels et aux trésors acquis de la péninsule. Elle gardait intactes la splendeur de son ciel et l'histoire de son glorieux passé. Ses monuments, ses mosaïques, ses peintures étaient là pour témoigner que l'art n'avait jamais été laissé complètement dans l'oubli ; et les monastères de Bénévent et du

Mont Cassin, en même temps que des philosophes, lui préparaient des poètes.

Selon Perrens, les Florentins avaient été des premiers à délaisser le latin pour l'idiome vulgaire qui, depuis le IXe siècle, se formait avec lenteur ; non seulement ils en faisaient usage pour parler, mais aussi pour écrire, à l'inverse de leurs voisins qui ne l'employaient que verbalement. Mais pour arriver à l'unification de cet idiome il y avait à surmonter de nombreux obstacles : d'abord la multiplicité des dialectes qui étaient en usage et qui, d'après Dante, dans son traité « De Vulgari Eloquio », étaient au nombre de « quatorze principaux, partagés eux-mêmes en subdivisions locales, sans compter les variations de genres, d'espèces et de nuances qui brodaient l'idiome vulgaire et qui pouvaient monter à plus d'un millier, dans ce petit coin du globe (1) » ; ensuite le désir jaloux de chaque localité de conserver son parler propre ; enfin l'hostilité de l'Église qui, pour des raisons dogmatiques que nous allons expliquer, s'opposait aux progrès de l'italien moderne.

Cette attitude de l'Église dérivait de l'influence française et provençale sur les premiers essais de la langue vulgaire et de sa poésie naissante. En effet, le provençal s'était répandu en Lombardie grâce à des rapports commerciaux et à des alliances diverses ; et déjà, vers 1162, Frédéric Barberousse avait vu sa cour de Turin fréquentée par des troubadours. D'autre part, la secte religieuse d'origine orientale, les cathares, mélange d'éléments gnostiques, de principes manichéens, de prétentions et de cérémonies chrétiennes, après avoir traversé l'Italie, s'était introduite dans le Midi de la France, à la faveur de la décadence du sacerdoce catholique ; là elle avait trouvé des partisans zélés parmi les troubadours. Les nouveaux venus s'étaient installés d'abord à Toulouse, puis à Albi où ils

(1) Traduction de Sébastien Rhéal, 1858 : *Le Monde Dantesque*.

avaient pris le nom d'Albigeois. Il s'ensuivit que la littérature des troubadours, déjà émancipée et quelque peu licencieuse, dirigeant ses satires contre l'Église, se trouva, par suite, entachée d'hérésie. Après la croisade dirigée contre les Albigeois, sous le commandement militaire de Simon de Montfort, où la France du Nord, à l'appel d'Innocent III, se rua sans merci sur la France du Sud, les troubadours quittèrent cette région et se réfugièrent en Italie ; là ils rencontrèrent des protecteurs dévoués dans les seigneurs de Montferrat, de Malespina, de Ferrare, ainsi qu'à la cour de Frédéric II, en Sicile. Le Saint-Siège s'était alarmé de ce mouvement perturbateur et, en 1245, le pape Innocent IV avait lancé une bulle interdisant aux étudiants l'étude de la langue romane ou provençale, qu'il qualifiait d'hérétique. Plus tard, le pape Honorius IV, agité par les mêmes craintes, ordonna l'étude du latin et l'abandon de l'idiome vulgaire. A l'instigation des papes, nous dit Aroux, « les autorités civiles prirent des mesures pour la destruction de tous les livres hérétiques en langue vulgaire, parmi lesquels figurait la traduction de la Bible et des Évangiles ». Par contre, les Gibelins, ennemis du Saint-Siège, se mirent à composer en provençal et en italien des poésies amoureuses, pendant que les Guelfes, partisans de la Papauté, restaient officiellement attachés à la langue latine qui n'était comprise que des classes instruites. Selon la remarque de Lamennais (1), cette différence d'expression était bien significative comme tendance des uns à marcher vers l'avenir et tendance des autres à demeurer fidèles au passé. Cependant, malgré la répugnance du clergé pour la langue vulgaire, l'abandon du latin était devenu tel dans la classe populaire que les prêtres avaient dû se résigner à parler en patois pour être compris des populations qu'ils avaient à instruire ; cas tout à fait analogue, comme le fait observer Delécluze,

(1) Œuvres posthumes : *Dante,* 1863.

à celui du poète dont parle Dante dans la *Vita Nuova* qui « le premier, commença à s'exprimer en langue vulgaire pour se faire comprendre par une dame qui n'entendait pas les vers latins (1) ». D'après l'intéressante étude de Fauriel (2) nous savons que les Italiens adoptèrent d'abord cette poésie provençale, la cultivèrent et l'imitèrent, aucun de leurs dialectes n'étant encore assez formé pour se prêter à l'expression de sentiments quelque peu complexes. Mais, fatalement, les Italiens devaient appliquer leur propre langue à la culture de la poésie dérivée des troubadours ; celle-ci eut d'abord des débuts informes et grossiers, pour s'élever bientôt « à un point plus marqué d'art et d'invention ».

La cour de Frédéric II « véritable Parnasse », selon l'expression de Fauriel, favorisa ce mouvement poétique et devint le berceau de la poésie italienne ; l'empereur lui-même, homme savant et lettré, ennemi de la Papauté et, par conséquent, sympathique aux réfugiés provençaux, donna l'exemple, ainsi que son chancelier Pierre des Vignes, en écrivant, dans cette langue nouvelle, des essais de poésie amoureuse quelque peu différenciés, déjà, de ceux des troubadours provençaux. Dans sa *Divine Comédie,* Dante met en scène quelques-uns de ces nouveaux troubadours : le célèbre italien Sordello, les provençaux Bertram de Born et Arnaut Daniel, lequel même se fait connaître en provençal. Vers 1250, Guido Guinicelli, à Bologne, s'exprima dans une langue plus souple que celle des Siciliens et introduisit de grands perfectionnements dans son art. Guittone d'Arezzo, en Toscane, écrivit trente-cinq sonnets, empreints d'originalité, ainsi que de curieuses lettres. L'élan littéraire était donné. Tous ces exemples encouragèrent la langue italienne naissante, et l'on vit, comme de nos jours, chez les paysans provençaux, des citoyens

(1) Delécluze : Traduction de la *Vita Nuova,* 1859.

(2) *Dante et les Origines de la Langue Italienne,* 1854, 7e et 8e livres.

florentins rimer des canzones et des sonnets. Mais il fallait un homme de génie pour consacrer, pour fixer, pour épurer, pour imposer cette langue à la péninsule entière. Cet homme devait être Alighieri.

« De tant d'éléments hétérogènes (1), de vocabulaires grossiers, constructions perplexes, syntaxes défectueuses, prononciations rustiques, nous voyons se composer un idiome élégant, désinvolte, parfait, harmonieux, comme nous le montre Cino de Pistoie dans ses Canzones » et c'est cet idiome que Dante nomme « illustre, cardinal, aulique, seigneurial, dont les signes sont les propriétés communes à toutes les cités italiques, non à une seule, et qui peuvent faire discerner la belle langue vulgaire qui parfume chaque cité sans être circonscrite dans aucune », qu'il pressent devoir être la langue nationale de l'avenir. Nous allons voir quelle part il prit à son développement et dans quelle mesure ses pressentiments de poète se sont réalisés.

Tel était, brièvement esquissé, l'état du milieu dans lequel Dante allait apparaître en l'année 1265. Les documents originaux, relatifs au grand poète sont rares, et de plus, peu importants. La *Vita Nuova* et la *Divine Comédie* nous fournissent les indications biographiques les plus sûres, quoique sommaires et souvent énigmatiques. Les autres sources de renseignements les plus dignes de foi nous viennent de Villani, son jeune contemporain (1275-1348) et son voisin à Florence, qui lui a consacré un chapitre entier dans sa *Chronique*. Quarante ans après la mort du poète, Boccace écrivit la première biographie de Dante, mais on est tenu à quelque réserve sur la valeur historique de son travail.

Dante fait remonter sa généalogie à son trisaïeul Cacciaguida qui fut fait chevalier par l'empereur Conrad à la suite

(1) *De Vulgari Éloquio,* trad. Sébastien Rhéal.

de la troisième Croisade. Autant qu'on peut donc en juger, il n'était ni d'origine féodale, ni d'origine rurale ; il appartenait à ce noyau de la population florentine qui se piquait d'être romaine : c'était une sorte de patriciat qui, du XIIe au XIIIe siècle se poussa au premier rang, après la noblesse féodale. Néanmoins, la famille de Cacciaguida était devenue noble par le fait de la chevalerie conférée à son chef. Ceui-ci eut un fils, Aldighiero, appelé aussi Alighiero, père de Bello et Bellincione. Ce dernier eut pour fils Alighiero II, époux de Dona Bella, qui donna naissance à notre poète, baptisé à Florence sous le nom de Durante (Dante par abréviation), à une date que l'on peut placer entre le 18 mai et le 17 juin 1265.

Dante perdit ses parents de bonne heure, et il ne semble pas avoir gardé aucun souvenir de sa mère qui, mourante, l'avait confié aux soins du secrétaire de la République, Brunetto Latini. Il vécut avec ses frères et sœur dans un intérieur modeste, et se livra très jeune à l'étude, dirigé et encouragé par Brunetto Latini qui fut, pour lui, moins un maître qu'un père. Il l'initia de bonne heure à la connaissance des langues ; ce fut surtout les dialectes de l'Italie que le jeune Dante étudia particulièrement avec une infatigable persévérance. Il cultiva la peinture et la musique et fut l'ami de Giotto et de Casella. Parmi les auteurs, dont la lecture lui était journalière, il comptait Virgile qu'il appelle « son doux père et son maître bien aimé », dans la *Divine Comédie*. Le choix qu'il en fait pour son guide dans sa descente aux enfers, est bien le plus frappant témoignage de l'admiration qu'il lui avait inspirée.

« Ah ! pour avoir vécu chez les hommes à l'heure
Où Virgile chantait, j'aurais bien ajouté
Un an d'exil encor à ma captivité » (1).

fait-il dire au poète Stace au XVIe chant du *Purgatoire*.

(1) Trad. de A. de Margerie.

Brunetto eut le mérite de former et de pressentir le génie naissant de son élève, aussi celui-ci lui témoigne-t-il une reconnaissance émue au XVe chant de l'*Enfer* :

« ... je garde en mon cœur le vivant souvenir,
Maître, de votre douce et paternelle image,
Alors qu'heure par heure, au terrestre rivage,
Vous m'enseigniez comment on devient éternel ».

Dante acquit dans les lettres, dans les sciences, et même dans les arts, les connaissances les plus variées. Il étudia, dit Boccace, « l'histoire et la philosophie, persuadé que les œuvres poétiques ne doivent pas être paroles vaines et frivoles », et « il résolut de pénétrer tout ce que l'esprit humain peut comprendre des intelligences célestes et des causes premières ».

Pour mener à bout de telles études, la solitude et l'absence de soucis matériels eussent été une condition favorable, mais sa vie intérieure, comme sa vie extérieure, furent soumises, toutes deux, à des tribulations aussi vives que différentes de nature : l'une, agitée par son absorbant amour pour Béatrice, l'autre constamment troublée par les affaires de la République.

« Dante » nous dit Boccace « était de médiocre stature; il avait le visage long, le nez aquilin, les mâchoires larges et la lèvre inférieure si allongée qu'elle dépassait de beaucoup la lèvre supérieure. Il était un peu voûté des épaules, ses yeux étaient plutôt grands que petits, il avait le teint brun, la chevelure et la barbe épaisses, crépues et noires, et toujours l'air mélancolique et songeur... Ses vêtements étaient toujours décents et conformes à la sévérité de son esprit, sa démarche grave et douce. Dans son intérieur, comme dans sa vie publique, il se montra toujours conciliant et affable. Sobre pour sa nourriture et sa boisson, personne ne fut plus ardent que lui à l'étude, quels que fussent les soucis qui l'étreignissent. Il parlait rarement, et seulement quand on l'en priait, bien qu'il fût très éloquent. Il était souvent solitaire, avait peu d'amis, et consacrait à l'étude tout le temps qu'il pouvait.... Il fut même », ajoute le biographe, « très avide d'honneurs et de pompes, plus qu'il ne convient à un homme sage ».

D'après ce que Dante nous raconte dans sa *Vita Nuova*, à l'une des fêtes du printemps, célébrée chaque année à Florence, achevant sa 9e année, il fut conduit par son père chez un voisin, Falco de Portinari, qui réunissait, ce jour-là, ses amis pour célébrer la saison nouvelle ; parmi les autres enfants de son âge, et de quelques mois plus jeune que lui, apparut à ses yeux pour la première fois celle qui devait être la « glorieuse dame de sa pensée », « vêtue d'une couleur rougeâtre, imposante et modeste ». Frappé de sa beauté majestueuse, il s'éprit pour elle d'un amour précoce et soudain, et jamais sa belle image ne put s'effacer de son âme.

« Cet amour, dit-il, m'ordonnait souvent de chercher à voir cet ange de jeunesse, ce qui fut cause que, dans mon enfance, bien des fois j'allais courant après elle ; et je la voyais s'avançant avec tant de noblesse et de dignité, que l'on pouvait certainement lui appliquer cette parole du poète Homère : « elle ne semblait pas être la fille d'un mortel, mais d'un dieu ! » Et en même temps telle était la noble vertu de son image que jamais elle ne laissa l'amour me dominer sans le fidèle conseil de la raison » (1).

Neuf ans après cette première entrevue, à l'âge de dix-huit ans, Dante rencontre de nouveau Béatrice dans les rues de Florence. Elle lui apparut, dit-il, « vêtue d'un habit blanc d'une blancheur éclatante, et placée entre deux nobles dames, un peu plus âgées qu'elle ». Comme elle passait dans une rue, elle tourna les yeux vers l'endroit où il était. « Je me tenais, ajoute-il, plein d'une crainte respectueuse, et par l'effet de son ineffable courtoisie, qui reçoit

(1) Traduction de Delécluze 1859, *Vita Nuova*.

maintenant sa récompense dans le ciel, elle me fit un salut qui produisit sur moi tant d'effet, que je crus toucher au dernier terme de la béatitude. L'heure à laquelle je reçus ce salut si doux était précisément la neuvième du jour, et, comme c'était la première fois que ses paroles vinrent frapper mes oreilles, j'en ressentis une si grande douceur qu'enivré, en quelque sorte, je quittai la foule ».

Rentré chez lui, Dante se retire dans la partie la plus solitaire de son logement et se met à penser à celle qui l'a si étrangement ému. Pris d'un doux sommeil et tout pénétré d'elle, il a une vision où elle lui apparaît : il voit « Amour » tenant dans ses bras Béatrice endormie et enveloppée d'un suaire sanglant. A son réveil, celui qui la soutient lui présente une chose ardente dont il lui fait manger malgré ses répugnances : c'est le cœur même du poète. Puis, toujours serrant Béatrice dans ses bras, « Amour » s'envole au ciel.

Aussitôt, Dante compose un sonnet sur ce songe « *A chaque âme éprise, à tout noble cœur* », et il l'envoie aux poètes les plus connus de l'Italie en leur demandant de lui communiquer leur appréciation en même temps que leur interprétation. Il reçut beaucoup de réponses, sur quelques-unes desquelles nous aurons à revenir. A dater de cette vision, encouragé par l'un de ces poètes, Guido Cavalcanti, qui, à cette occasion, se lia avec lui d'étroite amitié, son « esprit naturel », comme il l'appelle, se donna tout entier à la pensée et à l'admiration respectueuse de « la très noble dame », et ce sonnet, le premier qu'il ait publié, fut suivi d'une série de ballades et de canzones composées en son honneur. Sa passion le fit bientôt maigrir. Il devint faible et languissant, et, par la ville, se colporta le bruit de ses amours ; pour détourner la curiosité publique, il affecta de répondre aux œillades d'une dame, placée dans la direction de Béatrice, à l'église, et il s'en servit comme de « bouclier » pour cacher la vérité. Mais, lorsque cette personne vint à quitter Florence, il dut, toujours dans le même but, se montrer très peiné de son départ. Il lui fallut alors chercher une autre dame, comme nouveau « bouclier », et l'ayant trouvée, on jasa de lui et d'elle « au delà des limites de la courtoisie ». Béatrice, le rencontrant dans la rue, refusa le salut de son admirateur. Quelques jours après cet incident qui le mit au désespoir, conduit par un ami aux fiançailles d'une jeune personne de la ville, il s'y retrouve avec sa bien-aimée ; il éprouve une telle émotion qu'il perd connaissance ; on le plaisante sur la nature de son malaise, et peiné des moqueries de ces nobles dames, auxquelles s'étaient jointes celles de son idole, il se retire chez lui, envahi de douleur. A quelque temps de là survient la mort du père de Béatrice qui lui cause un très grand trouble. A la suite de méditations, Dante arrive à cette pensée : « Il faudra donc que la très noble Béatrice meure un jour ! ». Il tombe malade et, dans un accès de délire somnolent, il apprend la mort de celle qu'il aime ; il la voit s'envoler au ciel au milieu d'un chœur d'anges ; il appelle Béatrice, et se réveillant tout-à-coup, il s'aperçoit qu'il est trompé par un songe! Mais, depuis ce moment, pénétré de ce rêve, elle reste pour lui une sainte, entrevue dans le ciel ; il n'en parlera plus désormais que pour vanter sa bienfaisante présence.

« Cette noble dame avait tellement excité la vénération de tout le monde, que quand elle passait dans la rue, » dit-il, « chacun courait pour la voir, ce qui me causait une joie ineffable... Et quand elle s'approchait de quelqu'un, celui-là se sentait le cœur rempli d'une telle modestie, qu'il n'osait ni lever les yeux, ni répondre à son salut... Quand elle était passée, les uns disaient : « Ce n'est point une femme, mais l'un des plus beaux anges du ciel »...

Béatrice meurt en 1290 à l'âge de 24 ans, après être devenue l'épouse de Simone de Bardi ; alors l'excès de la douleur du poète se traduit en des stances qui ne sauraient être surpassées. Dans sa profonde tristesse, la pitié d'une dame noble lui fit rechercher les occasions de la voir ; un combat intérieur se livra entre le souvenir de la bien-aimée et celle qui lui inspirait cette nouvelle sympathie ; lutte qu'il décrivit dans plusieurs de ses compositions poétiques ; mais le souvenir de Béatrice triompha finalement de la faiblesse de son cœur.

Brisé de douleur, il se plongea dans le travail, cherchant, dans la lecture, un remède à son chagrin ; il s'adonna particulièrement à l'étude de deux ouvrages de philosophie morale : la *Consolation philosophique de Boèce* et le traité sur l'*Amitié* de Cicéron. Dès lors il se promit de ne plus rien écrire sur celle qu'il avait aimée que lorsqu'il serait en mesure de le faire plus dignement, « afin d'en dire un jour », selon ses propres paroles, « ce qui ne fut jamais dit d'aucune autre femme ».

La *Divine Comédie* devait tenir cet engagement.

Il s'absorba tellement dans ses lectures solitaires qu'il faillit en perdre la vue. Lorsque ses larmes furent calmées, ses amis, voulant lui faire oublier l'objet de ses peines, songèrent à le marier. Dante se prêta à ce projet et le mit à exécution. A une date qu'on ne peut exactement préciser (entre 1291 et 1296) il épousa Gemma, de la noble maison des Donati.

S'il faut en croire Boccace, de cette union il n'aurait retiré que soucis et combats sans trêve. Le jeune poète aurait été très à plaindre d'avoir engagé sa vie avec celle d'une femme, dont le choix n'avait pas été heureux, et qui comptait pour si peu la philosophie et l'étude. Divers commentateurs sont d'accord pour la représenter d'humeur aussi peu agréable que Xantippe, et comme Dante ne possédait pas, ainsi que nous le verrons, les mêmes qualités que Socrate, leur vie conjugale fut loin d'être enviable.

Mais, ne convient-il pas de défendre ici la mémoire de cette inconnue, rendue si déplorablement immortelle ?

Villani, malgré son admiration incontestée pour son illustre ami, et à l'encontre de Boccace, nous raconte que « ce Dante, à cause de son savoir, était un peu présomptueux, hautain et fier, et pas toujours gracieux... » Voilà déjà de quoi excuser cette pauvre Gemma, ou du moins, voilà des circonstances atténuantes apportées à sa réputation de mégère. Qu'elle n'aimât pas la philosophie, ni l'étude, elle était de son temps et de son sexe ; qu'elle fût d'humeur peu sociable, saurons-nous jamais comment son affection fut payée de retour par son illustre époux ? Boccace s'exclame en invectives contre l'inimitié des femmes pour les études, contre la haine qu'elles ont des livres ; il fait le portrait du philosophe, retiré dans quelque partie solitaire de sa demeure, en communication de pensée avec Aristote, Socrate ou Platon, tout à coup surpris par l'épouse importune, manifestement mécontente de ce genre de vie solitaire et méditative, et qui fera fuir la noble compagnie. Aussi conclut-il : « Les philosophes qui suivront mon avis en cela, laisseront le mariage aux riches insensés et aux princes, ainsi qu'aux ouvriers. Quant à eux, ils se récréeront avec la philosophie, meilleure et plus agréable épouse qu'aucune autre ». Tous les philosophes ne partagent pas cet avis, et n'ont pas suivi le conseil de Boccace, heureusement pour nous, mais cette remarque qu'il fait sur l'insuffisance intellectuelle de la femme, bien que nous n'en acceptions pas la déduction, nous paraît si juste et ses conséquences si vraies, au point de vue du bonheur conjugal, que de nos jours, et particulièrement au sein de notre enseignement positiviste, une tentative, qui d'ailleurs promet de donner des résultats heureux, a été faite pour rétablir l'harmonie spirituelle entre l'homme et la femme, en faisant participer cette dernière, sinon au développement, du moins à la connaissance et à la compréhension de la pensée abstraite.

Mais en supposant que Gemma eût été une femme telle que nous la rêvons aujourd'hui, c'est-à-dire collaboratrice affectueuse et dévouée, ou tout au moins capable de comprendre l'homme que fut Dante, aurait-elle réalisé les conditions nécessaires au bonheur de celui-ci ? Nous pouvons répondre sans hésiter, non ! Quelle est la femme qui eût pu remplir cette mission consolatrice? Si grande beauté, si hautes vertus, et si nombreuses connaissances eût-elle, il y aurait eu toujours, entre elle et lui, cette Béatrice, ce souvenir embelli par son imagination ; elle, Gemma, la réalité, mise en comparaison permanente avec cet idéal qui avait absorbé tout ce que la beauté physique et la beauté morale peuvent engendrer de plus noble et de plus exquis dans l'âme d'un poète. Dante, naturellement et humainement, ne pouvait être qu'injuste envers la femme qui, à ses yeux, n'était que la prose, alors que l'autre était la poésie ; il ne pouvait être qu'injuste envers celle qui apportait, dans sa vie, des soucis matériels, causés par l'éducation des enfants, et qui le mettait dans l'obligation, pour subvenir aux frais de cette éducation, de restreindre ses heures d'étude, si chères, consacrées à des méditations si élevées.

Sans vouloir porter atteinte à l'auréole de gloire méritée par le génie du poète, il faut reconnaître cependant que l'on a une tendance trop grande à oublier l'humanité de Dante et à voir en lui un dieu, auteur de sa Comédie divine. Il faut cependant revenir à la réalité des choses et, à côté du poète divinisé, considérer l'homme.

De même que les historiens se sont plu à nous représenter Florence, bouleversée par la guerre civile, toujours à sac et à sang, de même les artistes se sont plu à nous montrer Dante torturé par les souffrances de l'amour, les traits creusés par l'amertume de l'exil. Or, nous savons par Villani que les Florentins étaient passés maîtres en matière de réjouissances, et que si, dans les livres, ils se battent toujours, ils savaient parfois s'amuser beaucoup ; nous savons de même source que l'illustre poète, de nature ardente et impétueuse, était sensible aux plaisirs de l'amour et aux joies de la vie. Son fils Giacopo, dans son commentaire sur l'*Enfer*, après quelques lignes remplies de tendresse et d'admiration à l'égard de son père, ajoute : « Il faut savoir que Dante, quand il commença ce traité, était au cours ordinaire de la vie et qu'il était pécheur et vicieux, et comme dans une forêt d'ignorance et de vices. Et encore que dans les premiers vers il use d'un langage détourné pour accuser sa vie, néanmoins il la blâme avec sévérité et se déclare un homme qui vivait charnellement ». « Parmi tant de vertus, tant de science, » écrit Boccace, « la luxure trouva ample développement, non seulement, pendant ses jeunes années mais encore dans son âge mûr... »

Au sommet du *Purgatoire*, Dante se confesse lui-même : lorsque Béatrice lui apparaît dans la pompe d'un triomphe divin, elle lui adresse de dures paroles, l'accuse d'infidélité, de vie frivole ; à ces accusations Dante répond par des aveux et des larmes. En cela il avait été un homme comme les autres hommes, enclin à leurs faiblesses comme à leurs passions.

Ce qu'il est intéressant de pénétrer et de mettre en lumière, c'est le trait saillant de son caractère. Il se connaît si bien lui-même qu'il se peint tout entier dans le superbe Farinata, ce grand vaincu dont rien ne peut abattre l'orgueil, qui se dit plus blessé de la défaite que de son lit de flammes (1). Dans le XIIIe chant du *Purgatoire*, s'entretenant avec une Siennoise, il se prétend sans reproche en ce qui touche le péché d'envie, pour lequel Sapia se purifie, mais il avoue sa passion dominante : l'orgueil. Cet aveu n'était pas indispensable pour nous faire connaître le poète sous ce jour, car, dès le début de la *Divine Comédie*, nous lisons dans les vers qu'il adresse à Virgile :

> « Toi seul es mon auteur et toi seul es mon maître,
> Et c'est encore toi que l'on peut reconnaître,
> Dans ce beau style pur qu'on admire chez moi ».

(1) *Enfer*, ch. X.

On ne saurait exprimer plus nettement le sentiment que l'on a de sa valeur, bien que dans le *Convito* il recommande « d'éviter de se louer et de se blâmer ». Encore un trait qui le caractérise complètement, c'est la réponse qu'il fit à ses amis, lorsque l'ayant choisi comme ambassadeur près du pape Boniface VIII, durant les luttes politiques qu'il soutint à Florence, il leur dit : « Si j'y vais, qui restera ? ; et si je reste, qui ira ? »

Il ne douta jamais, et les temps lui ont donné raison, que son œuvre laisserait dans l'oubli celle des poètes italiens, ses prédécesseurs ; quand, parlant de Giotto au XIe chant du *Purgatoire* il dit que sa gloire éclipse celle de Cimabue, il ajoute :

> « Pareillement l'honneur des vers est détourné
> D'un Guido vers un autre ; et peut-être il est né,
> Celui qui dans ce nid doit occuper leur place ».

Et c'est à lui-même qu'il fait allusion ! Il ne s'est du reste pas trompé.

Son caractère, aigri par l'infortune, le rendait souvent violent à l'égard des autres : c'est ainsi que Sacchetti nous rapporte que passant un jour devant la boutique d'un forgeron, il entend chanter ses vers en les mutilant ; exaspéré, il entre et jette dehors tous les outils de l'ouvrier. Celui-ci, autant furieux que surpris, lui demande les raisons de sa conduite. « Si tu ne veux pas, lui dit-il, que je gâte tes outils, ne gâte pas les miens ». Et comme l'autre, décontenancé, sollicitait des éclaircissements : « Tu chantes mes vers, et tu les mutiles, ce sont là mes outils, à moi ! » lui répond-il violemment.

Durant ses jours d'exil sa fierté fut quelquefois blessée par des plaisanteries de mauvais goût. « Un jour qu'il dînait à la table de Cane Grande, un bouffon du prince fit déposer aux pieds de Dante tous les os que les convives avaient jetés, comme c'était alors l'usage. Après le repas, Cane Grande, voyant ce tas d'os, s'écria : « Dante est un bien grand mangeur de viande ». — « Si j'étais un chien », répondit le poète, « vous ne verriez pas tant d'os » (1). Ce mot cane (chien) était une allusion spirituelle et mordante au nom du prince qui l'avait accueilli à sa cour.

On voit par là que s'il lui arriva souvent de traduire avec aigreur l'amertume qui était au fond de son cœur, il ne manquait pas d'esprit pour l'exprimer.

De son côté, Artaud de Montor nous rapporte dans l'histoire qu'il a faite de Dante, que « se trouvant un jour dans l'église Sainte-Marie-Nouvelle, appuyé près d'un autel et paraissant se complaire dans une méditation profonde, un de ces indiscrets qui ne comprennent pas les charmes du silence et de la solitude, s'approche du poète et lui adresse une question. Dante essaie de fuir cet ennuyeux, mais il ne peut l'éviter. Alors il lui dit avec calme : « Avant que je réponde à ce que vous désirez savoir, répondez à une de mes questions : « Quelle est la plus grosse bête sur la terre ? » L'indiscret répond que, suivant Pline, c'est l'éléphant : « S'il en est ainsi », reprend Dante, « ô éléphant, cesse de m'ennuyer » (2). Et il le quitte aussitôt.

Convaincu de sa valeur, l'immortalité chrétienne ne lui suffit pas, il a le sentiment d'une immortalité plus sûre, il aspire à l'immortalité subjective. Ne dit-il pas dans son entretien célèbre avec son aïeul au XVIIe chant du *Paradis :*

« Mais si du vrai je suis un ami trop peu fier,
J'ai peur de condamner à périr ma mémoire
Chez ceux pour qui mes temps seront loin dans l'histoire ».

Tout en faisant des réserves sur la vie privée de Dante, nous dirons, en ce qui concerne son orgueil, qu'avec une organisation si puissante, une âme si élevée, un savoir si grand, il ne pouvait manquer de se sentir supérieur au

(1) Sigalas, IIIe partie, ch. XI. *De l'Art en Italie.*
(2) Ch. XV, 1821.

milieu qui l'entourait. N'est-ce pas un fait propre aux hommes de génie de se découvrir eux-mêmes et de s'imposer aux autres par la foi qu'ils ont en eux ! Comte, à l'exemple de Dante, eut conscience de ce qu'il valait et de ce qu'il resterait devant la postérité; aussi le voyons-nous offrir, immodestement, l'immortalité à l'un de ses disciples, en le nommant son exécuteur testamentaire. Ces sentiments, que l'on blâmerait chez des âmes vulgaires, sont justifiables chez les hommes de valeur tels que Dante et Comte (1) dont le temps a consacré les prétentions, et l'on peut appliquer au fondateur du Positivisme, comme au poète florentin, la phrase d'Hauvette : « Cette belle confiance dans son génie sied bien à l'homme exceptionnel que fut Dante : on ne doit que du respect à la conscience si nette qu'il avait de sa valeur » (2).

Si nous abordons maintenant sa vie publique, nous verrons que, guelfe par sa famille, il le fut dans les premières années de sa vie civique et jusqu'à son exil. Les Alighieri, ses aïeux, avaient été chassés deux fois de Florence par les Gibelins vainqueurs, et deux fois ils étaient rentrés dans leur cité, comme il le rappelle avec fierté dans son entretien avec Farinata (*Enfer*, xe ch.). Témoin des conflits entre le parti féodal, représenté par les Gibelins, et le parti municipal, représenté par les Guelfes, Dante suivit d'abord l'exemple de ses ancêtres et se rangea du côté de la cause populaire et papale. Nous le voyons servir sous son étendard à la bataille de Campaldino, le 11 juin 1289 ; victoire qui fut comme la revanche des Guelfes vingt-neuf ans après Monte-Aperto. Ce fut encore au service de la même cause qu'il remplit les fonctions d'ambassadeur dans diverses villes de l'Italie, tandis que Giano della Bella, à l'intérieur, cherchant à augmenter la prépondérance du

(1) « Les grands hommes sont comme les rois, plus vénérés qu'aimés ».

(2) *Dante : Introduction à l'étude de la Divine Comédie*, IIIe partie, ch. IV, 1911.

parti populaire rendait des ordonnances qui tendaient à annuler la noblesse comme parti politique (inégibilité des nobles à presque tous les emplois ; établissement d'une solidarité rigoureuse qui rendait chaque famille noble pécuniairement responsable des cautions à fournir ou amendes à acquitter par l'un quelconque de ses membres; édiction de peines corporelles et pécuniaires d'une extrême rigueur pour toute violence ou injustice d'un noble contre un popolano). Les familles nobles, associées à la cause populaire, ayant été froissées, et Giano, par ses imprudences, s'étant suscité des ennemis, une réaction se fit en faveur de la noblesse guelfe et le réformateur fut banni en 1294. Néanmoins son œuvre subsista et eut pour résultat, comme nous l'apprend Villani, que beaucoup de familles de moyenne noblesse trouvèrent plus d'avantage « à se retirer du nombre des grands et à se mettre dans le peuple ». Cette défaite de l'aristocratie ne supprima cependant pas les discordes entre les citoyens de Florence, toujours divisés par des rivalités de familles ou d'influences. A l'exemple de Pistoia, dont les habitants étaient en guerre, les Florentins prirent les dénominations de Noirs et de Blancs pour désigner les factions nouvelles nées au sein même du parti guelfe. Les plébéiens adoptèrent la couleur blanche tandis que la couleur noire fut celle des patriciens.

Dante s'étant rangé du côté des Blancs s'attira la haine des Noirs. Étant alors prieur, ce fut sur ses conseils et sur ceux de ses collègues que les principaux chefs des deux partis furent exilés à la frontière (1); parmi les Blancs se trouvait son ami Guido Cavalcanti. S'il fut impartial en cette circonstance il ne semble pas l'avoir été autant par la

(1) D'après Sismondi, ce rôle de Dante serait contestable si l'on s'en tient au témoignage des contemporains. Dino Compagni qui était alors prieur lui-même, dans sa chronique, ne parle pas de Dante comme d'un des chefs de l'État. Quant à Villani, il garde le silence. (Ch. XXV, ***Histoire des républiques italiennes du Moyen-âge,*** 1808).

suite et souleva des mécontentements en préconisant le rappel des Blancs au bout de peu de temps, ce qui conduisit les Noirs à solliciter, et à obtenir du secours de Boniface VIII qui leur envoya Charles de Valois pour rétablir, soit disant, la paix à Florence.

Tandis que Dante se rendait à Rome pour combattre l'influence de ses ennemis, le prince français, agissant avec mauvaise foi, favorisa l'entrée des Noirs dans la cité florentine ; ce fut le signal de la révolution violente qui eut pour résultat l'exil des principaux membres du parti blanc. Ils étaient au nombre de six cents, parmi lesquels se trouvait Dante.

Deux sentences successives le condamnèrent à une amende de 5.000 livres, à la confiscation de ses biens et à la peine du feu s'il rentrait dans sa ville natale. On l'accusa ignominieusement de barratterie, de gains illicites et de fraudes (1302), alors que son seul crime était d'avoir lutté contre les menées de Boniface ! La passion politique, aveuglant ses juges et corrompant leur esprit, avait fait une victime d'un innocent, tout comme cette même passion, près de cinq siècles plus tard, devait livrer le grand Danton aux misérables rancunes d'un Robespierre.

Les vainqueurs s'unirent aux princes français, et quoique déserteurs de l'ancien parti guelfe, c'est-à-dire du parti représentant le principe municipal, ils n'en abandonnèrent pas le titre. De leur côté, les vaincus, c'est-à-dire la portion du parti guelfe demeurée fidèle au principe populaire, et qui comptait Dante avec elle, s'unit avec les anciens vaincus du parti gibelin, jadis exilés de Florence, chez lesquels dominait la haine de la France avec les regrets de l'Empire et de la Féodalité.

Certains commentateurs, voulant défendre l'unité de conduite de Dante, prétendent que c'étaient les partis, et non lui, qui avaient changé le signe de leur étendard. Il ne nous semble pas que de telles interprétations soient complètement exactes, car le fait qui domine tout le débat, c'est que d'abord défenseur du pouvoir temporel de la Papauté, (puisque nous le trouvons parmi les vainqueurs de Campaldino), il n'a pas cessé, ensuite, de l'attaquer, non seulement sur le terrain politique, mais encore dans sa *Divine Comédie*, et dans son traité *de Monarchia*. Il y a donc eu un changement manifeste dans l'orientation de sa vie et de ses idées. Pour l'expliquer, plusieurs suppositions peuvent être faites, notamment celle qui consiste à comparer sa conduite à celle de tant de politiciens de nos jours qui s'allient, dans l'opposition, avec leurs ennemis de la veille, pour faire échec au parti triomphant. Le plus probable cependant, c'est que Dante, engagé par son éducation et ses traditions de famille, dans le parti guelfe, ne tarda pas à s'apercevoir, d'une part, des inconvénients de l'état théocratique (vers lequel la Papauté n'avait cessé de marcher, depuis l'avènement de Grégoire VII), d'autre part, des inconvénients du régime démocratique. Sentant donc, implicitement ou explicitement, la nécessité de la division des deux pouvoirs (dont il expose le rôle respectif dans le *Purgatoire*) et celle non moins grande d'imposer un frein à la démocratie, il soutint, en la personne des empereurs germaniques (successeurs, à ses yeux, de Constantin et de Charlemagne, et représentants du Saint-Empire Romain), la puissance temporelle contre les empiètements du Saint-Siège, et le pouvoir central contre les pouvoirs locaux. « Mais s'il attaqua avec une fougueuse logique », comme le fait remarquer Ozanam, « les privilèges de la Féodalité, la démocratie avec ses abus devint pour lui un sujet de plaintes sans relâche et de sarcasmes sans pitié ». La seule différence qu'il présente, à ce point de vue, avec Philippe IV le Bel, c'est que celui-ci n'attaqua pas seulement les empiètements de la Papauté, mais voulut la subordonner à son autorité, tandis que, si Dante attaqua les visées théocratiques des papes, il ne cessa pas cependant de respecter leur fonction lorsqu'elle s'exerce dans son domaine spirituel. Cela expliquerait, sans doute, la raison qui a conduit le poète de la *Divine Comédie* à s'abstenir de glorifier le grand pape que fut Grégoire VII, comme ayant préparé les voies à son ennemi Boniface VIII.

Dante suivit d'abord ses compagnons d'exil ; nous le voyons, avec eux, tenter de rentrer dans sa patrie à main armée ; tentative qui fut vaine et qui aboutit au désastre de Lastra en 1304 ; puis, fatigué des vues étroites de ses compagnons d'armes, et condamnant les excès des Blancs, comme les excès des Noirs, il resta dans une inaction apparente, décidé « à être lui seul tout son parti » (1).

Aussitôt après cette rupture, maudissant toujours ses juges, mais fidèle au souvenir de sa cité, il séjourna à la cour de Vérone où il fut cordialement accueilli par Bartolomeo della Scala, puis chez le marquis de Malaspina, dans le Lunigiane. Il alla ensuite étudier à Bologne et à Padoue, et, désespérant de retourner à Florence, il passa les Alpes et vint à Paris. « Là, » nous dit Ozanam, « dans la rue du Fouarre, et sur le chaume où s'asseyait la foule des étudiants, il assista, immortel disciple, aux leçons du professeur Siger », épisode qui a été illustré par Balzac dans sa nouvelle des *Proscrits*.

Quand il se crut capable de briguer les honneurs de l'École, il soutint avec succès une dispute théologique contre des docteurs célèbres ; puis, ayant passé toutes les épreuves à la Faculté de théologie, il fut admis au plus haut grade, mais l'argent lui manquant pour les frais de réception, il dut quitter Paris sans emporter le titre qu'il avait mérité.

C'est durant ce séjour que l'avènement à l'empire de Henri de Luxembourg, 1309, lui donna quelque espérance de revoir sa patrie. Saluant en lui le « prince de la paix »,

(1) *Paradis*, chap. XVII.

il adressa à tous les peuples de l'Italie, une lettre, exaltant leur enthousiasme, cherchant à leur faire oublier leurs discordes, et les préparant à recevoir avec joie ce prince rempli d'intentions généreuses. Comment penser qu'il y ait eu une idée de trahison derrière ces lignes vibrantes et sincères : « Italie, réjouis-toi, réjouis-toi ! L'univers va envier ton sort, parce que ton époux, qui est la joie du siècle et la gloire de ton peuple, ce magnanime Henri, illustre conquérant et César, se hâte de venir à tes noces. Sèche tes larmes, et rejette ta tristesse, ô la belle des belles !... Vous qui gémissez dans l'oppression, consolez-vous, car votre salut est proche... » Puis il écrivit à Henri lui-même un manifeste éloquent, l'invitant à porter ses armes victorieuses contre Florence. Cartains commentateurs ont flétri, dans cet acte, le manque de patriotisme de Dante. Accusation bien cruelle pour celui qui fut toujours si dévoué à son ingrate cité. Tout au contraire, il voyait avec irritation que la liberté de la péninsule allait être compromise ; il s'effrayait de cette tige royale des Capétiens qui, selon son expression, « obstruait l'univers », et s'il invoqua la puissance impériale, si, comme dit Ozanam, « il salua de ses louanges l'apparition de Henri VII, il ne démentit point en ceci son horreur pour la domination étrangère ; fidèle à ses principes, il considérait, dans la personne de l'empereur, le chef de la famille humaine, l'empereur romain ».

Mais la mort de Henri de Luxembourg acheva de déjouer ses rêves et rejeta pour jamais dans l'exil le malheureux proscrit qui erra de ville en ville, sombre et trouvant « toujours amer le pain de l'hospitalité ».

C'est durant son séjour à Pise, qu'apprenant la mort de Clément V, qui avait transporté la résidence pontificale à Avignon, il écrivit une lettre aux cardinaux pour les supplier d'élire un pape qui ramènerait le Saint Siège à Rome.

Vers 1314 ou 1316 le gouvernement de Florence lui fit

offrir le retour dans la cité, moyennant des conditions, sinon très onéreuses, du moins fort humiliantes. Il répondit, à l'ami (un religieux) chargé de lui faire ces ouvertures, une lettre dans laquelle éclate la noblesse de ses sentiments et la dignité de son caractère :

« Dans vos lettres, que j'ai reçues avec le respect et l'affection qui vous sont dus, j'ai vu avec la plus vive reconnaissance combien vous prenez intérêt à mon retour dans ma patrie. J'ai été d'autant plus sensible à cette démarche qu'il est plus rare aux exilés de trouver des amis.

« Je répondrai donc à cette lettre ; et si ma réponse n'est pas telle que le désirerait peut-être la faiblesse de quelques-uns, je la soumets affectueusement à l'examen de votre sagesse avant de la blâmer.

« Voici donc ce qui m'a été mandé par les lettres de votre neveu et du mien, et de plusieurs de mes amis. D'après une ordonnance récemment rendue à Florence, relative à l'absolution des bannis, je puis rentrer dans ma patrie, à condition de payer une certaine somme d'argent, et de me soumettre à l'humiliation de l'*offrande* et du pardon. Là, mon père, il y a deux choses ridicules et peu réfléchies de la part de ceux qui m'ont fait ces propositions, car vos lettres, écrites avec plus de discrétion et de sagesse, ne contiennent rien de semblable.

« Est-ce là cette révocation glorieuse qui rappelle Dante Alighieri dans sa patrie, après un exil de près de trois lustres ? Est-ce là ce qu'a mérité cette vertu connue de tous ? Est-ce là le prix des sueurs et de l'incessant labeur de l'esprit ? Loin de l'homme, initié à la philosophie, l'étrange bassesse de cœur de venir, ainsi que d'autres infâmes, s'offrir lui-même, les mains liées, à l'ignominie !

« Loin de l'homme qui a prêché la justice, la pensée d'acheter son pardon avec son argent, et de traiter comme des bienfaiteurs ceux qui l'ont outragé ! Non, mon père, ce n'est pas par ce chemin que je rentrerai dans ma patrie ! Si vous ou quelque autre trouvez un moyen qui ne soit pas une insulte à l'honneur et à la renommée de Dante, cette voie je l'accepte, et je n'y marcherai pas d'un pas lent. Mais si, pour rentrer à Florence, il n'y a nulle autre voie, jamais je ne rentrerai à Florence.

« Quoi donc, ne verrai-je point partout le soleil et les astres ? Sous quels cieux ne pourrai-je pas contempler la vérité ? Faut-il pour cela que je m'avilisse et que je me couvre d'ignominie en face du peuple et de Florence ? Non ; le pain ne me manquera pas ! » (1).

Ce grand cœur, si désireux cependant de revoir sa ville bien-aimée, refusait de souiller son âme par une telle bassesse !

C'est alors que nous le voyons revenir, pour la seconde fois, à la cour de Vérone, où il est accueilli par le seigneur Cane Grande della Scala, le protecteur des artistes et « des vaincus sans asile » ; mais cette existence de cour ne devait pas convenir au caractère indépendant de Dante, et Pétrarque, parmi les nombreux souvenirs qu'il nous a transmis, relatifs au poète, s'exprime ainsi :

« Dante Alighieri, mon concitoyen, fut un homme très éminent dans l'éloquence vulgaire, mais d'humeur trop scabreuse, et trop libre de propos, pour être agréable à la vue et aux oreilles délicates des princes de notre temps. Ayant été exilé de sa patrie, il se retira chez Cane Grande, qui était alors la consolation et le refuge de tous les malheureux. Il fut d'abord traité honorablement ; mais il ne tarda pas à se mettre bientôt, et de plus en plus, à l'écart, et à moins plaire à son patron.

« Il y avait, à cette même cour, des jongleurs, des bouffons de toute espèce, parmi lesquels il s'en trouvait un d'autant

(1) Cette lettre fut découverte, vers la fin du XVIIIe siècle, à la bibliothèque Laurentienne : in *Tableau de la Littérature du Moyen-âge*, par Villemain.

plus agréé, comme il arrive d'ordinaire, qu'il était plus effronté, plus obscène en gestes et en paroles. Cane Grande, soupçonnant bien que Dante ne goûtait guère le précieux bouffon, fit amener ce dernier devant lui, et, en ayant fait un magnifique éloge, se tourna vers Dante : « Je m'étonne, lui dit-il, de ce que ce bouffon, ignare et fou comme il est, sache pourtant nous plaire et se faire chérir de nous tous, tandis que toi, que l'on dit si savant, tu n'en peux faire autant ». — « Tu ne serais nullement émerveillé de cela », lui répondit Dante, « si tu savais que l'amitié se fonde sur la parité des mœurs et de l'esprit ».

Après avoir quitté cette cour, dont le séjour lui était devenu si pénible, il se rendit à Ravenne, attiré par les offres bienveillantes de Guido de Polenta. Là il connut enfin, durant quelque temps, les joies familiales entre ses fils Pietro et Giacopo, sa fille Béatrice et quelques amis. Au retour d'un voyage rapide, à Venise, au cours duquel il contracta des fièvres, il mourut au bout de quelques jours, frappé en pleine vie, à l'âge de 56 ans. De grands honneurs, dit Villani, furent rendus à sa dépouille « parée comme il convenait à un grand poète et à un grand philosophe ». Elle fut déposée dans la chapelle de la Vierge de l'église San Pier Maggiore (1) et Guido Novello, au rapport de Boccace,

(1) Il n'est pas sûr que les restes de Dante aient été conservés, car, en 1329, Bertrand du Poyet, légat de Jean XXII, qui fit brûler le livre *de la Monarchie*, voulait faire « jeter à la voirie les os du grand adversaire de la Papauté. Puis, quand la gloire de Dante fut consacrée par les siècles, Florence réclama à Ravenne la dépouille du fils qu'elle avait jadis proscrit, et Léon X, en 1519, ordonna de faire droit à sa demande. Mais quand on ouvrit le sarcophage, il était vide. Perçant, de l'intérieur du cloître, le mur où s'adossait la sépulture, les Franciscains, pour ne point abandonner la précieuse relique, avaient, dit-on, retiré le cercueil du mausolée, et l'avaient discrètement transporté en un autre endroit. On l'a, par une coïncidence si merveilleuse qu'elle est un peu inquiétante, retrouvée en 1885 — l'année même du 600e jubilé de Dante — en démolissant un vieux mur de la chapelle de Braccioforte, et, pieusement, on a replacé le squelette dans le sarcophage. Mais quoique l'on

« tint à l'honneur de prononcer lui-même son oraison funèbre ». Malgré leur ingratitude passée, les Florentins tentèrent à plusieurs reprises d'obtenir, des gens de Ravenne, l'illustre dépouille ; récemment encore, au XIXe siècle, ils réitèrent leur demande, mais ils s'attirèrent, de nouveau, cette réponse : « Vous n'avez pas su le garder vivant, nous ne vous le restituerons pas mort ». On peut regretter toutefois, malgré la justification de ce refus, que l'homme exilé qui souffrit tant des injustices de sa patrie, tout en ayant conservé pour elle un si grand amour, ne repose pas définitivement dans cette cité, d'origine romaine comme il aimait à le dire, qu'il avait tant chérie, qu'il avait tant pleurée.

La *Divine Comédie*, l'œuvre la plus connue du poète florentin, qui, seule, suffit à immortaliser le nom de Dante, n'est cependant pas son unique ouvrage. Dans l'ordre poétique, et surtout dans l'ordre sociologique et philosophique, il nous a laissé des écrits qui, bien que peu connus, sont néanmoins, en dépit des assertions contraires de Fauriel, de nature à rehausser encore sa gloire.

De 19 à 26 ans, le jeune Alighieri composa le *Canzoniere*, comprenant soixante-dix-huit sonnets, canzoni et ballades, dont trente et un figurent dans la *Vita Nuova* et forment ce qu'A. de Margerie a appelé le « cycle de Béatrice ». Ces divers morceaux, d'un intérêt très grand, en ce qui concerne le développement à la fois moral et littéraire de l'auteur, méritent, en outre, selon le jugement de Ginguené, d'être placés au premier rang des poèmes de l'époque.

La *Vita Nuova*, rédigée en langue vulgaire, et qui nous a servi à esquisser l'histoire de l'amour du poète pour sa

montre au musée la petite caisse de bois qui contenait ces restes, avec l'inscription : *Ossa Dantis*, on peut se demander si ces cendres sont bien d'une certaine authenticité ». (Ch. Diehl : *Les villes d'art célèbres; Ravenne*. Paris, 1907, p. 109-121).

jeune compatriote, renferme, en même temps que les commentaires des poésies qui y sont incluses, une très fine analyse des propres sentiments de l'écrivain, et cette analyse se trouve être poussée à un tel degré de perfection que l'on pourrait se croire en face d'un véritable roman psychologique ; aussi comprend-on sans peine que Delécluze ait osé présenter Dante comme « le père du roman moderne » (in *Œuvres de Dante Alighieri,* 1859).

Ce qui surprend de prime abord dans cet ouvrage, et ce qui, pour le lecteur non prévenu, ne laisse pas de paraître quelque peu étrange, c'est la fréquence des visions que l'auteur accuse et qu'il interprète, — fréquence qui s'explique pourtant d'une façon naturelle : 1° par l'influence du milieu dans lequel vivait Dante ; 2° par son absorbant amour pour Béatrice.

Sous le premier point de vue, l'histoire littéraire nous apprend que, vers le VIe siècle, les Visions constituaient déjà un genre assez en vogue, comme l'atteste d'ailleurs le succès des *Dialogues* de saint Grégoire-le-Grand. Ampère explique l'apparition de ce procédé nouveau, qui se rattache à la légende, en faisant remarquer que vers cette époque « les imaginations n'ayant plus à leur disposition les sujets païens et n'ayant pas suffisamment à leur disposition les sujets bibliques, furent conduites à chercher autre part un exercice et un aliment ; de là, résulta forcément, pour ainsi dire, tout une nouvelle littérature, la littérature légendaire, dont l'objet était de combler le vide laissé dans les âmes par l'antiquité qui venait de disparaître. A ce genre légendaire », ajoute-t-il, « appartiennent... les visions et les voyages surnaturels dans l'autre monde » (1).

Nous voyons, par la suite, ces sortes d'hallucinations devenir un instrument puissant pour l'enseignement moral de

(1) *Histoire littéraire de la France,* tome II.

l'Église, soit qu'elles terrorisent par les spectacles effrayants de l'Enfer, soit qu'elles charment les esprits par le tableau séduisant d'un bienheureux séjour. Au IXe siècle, et postérieurement à cette époque, c'est surtout dans le clergé que les Visions se produisent le plus fréquemment. Si au Xe siècle elles semblent perdre un peu de leur faveur, il convient d'en attribuer la cause aux craintes de la fin prochaine du monde. « Personne », dit Labitte, « sous cette impression générale et profonde, n'osa plus se risquer, du sein de la vie présente, aux dangereux pélerinages de la vie à venir. C'est une halte des légendaires » (1), halte momentanée, du reste, car, dès le Xe siècle, les Visions reparaissent et redeviennent une forme littéraire aimée des écrivains. Il y en eut même alors un tel abus qu'elles devinrent l'objet de satires et de plaisanteries burlesques de la part des trouvères qui ne craignirent pas de se livrer à des parodies sur la vie future. Il appartenait à Dante, nourri de la lecture de la Bible, et, notamment, de celle de l'Apocalypse, de clore, en quelque sorte, ce cycle des visionnaires, en donnant à leur procédé littéraire sa dernière forme dans la *Divine Comédie*.

Mais n'oublions pas qu'avant de devenir des fictions ou de simples contes moraux, les Visions avaient été des rêves conçus vraiment par les esprits hantés des préoccupations d'un autre monde. Conservées traditionnellement, quelquefois écrites, et souvent embellies par l'imagination des rédacteurs, elles avaient été la manifestation d'émotions profondes à des époques de trouble et d'agitation. Si elles furent fréquentes dans les cloîtres, on ne s'en étonnera pas, étant donnés la vie extatique de beaucoup de religieux et leurs soucis constants relatifs à une vie future. Telle semble avoir été la Vision célèbre du frère Albéric, moine du mont Cassin.

(1) *La Divine Comédie avant Dante*, 1859.

Quant à notre seconde interprétation, qui met en cause l'amour de Dante pour Béatrice, il n'y a pas lieu de s'étonner, si l'on tient compte des circonstances du milieu, que Dante, absorbé, comme il était alors, par les sentiments que lui inspirait la fille de Portinari, ait eu, à l'exemple des habitants des cloîtres, des hallucinations, des accès de délire somnolent dont il parle lui-même dans la *Vita Nuova,* et que, désireux de réunir en un opuscule ces impressions de jeunesse, il ait écrit, en se servant de la forme littéraire à la mode, le récit de ses rêves extraordinaires qui nous semblent avoir été bien réels. A ce moment, il arriva à Dante ce qui arrive à tous les amoureux envahis par un excessif amour : non seulement il fut l'objet d'hallucinations étranges, mais il eut la superstition de ces songes mêmes ; et c'est pourquoi nous le voyons, à la suite de sa première vision, vraiment bizarre, où Béatrice lui apparut enveloppée d'un suaire sanglant, être si inquiété par ce rêve qu'il écrivit à tous les « fidèles d'Amour » pour en avoir une interprétation (1). Sur les trois réponses qui nous ont été conservées, l'une, celle de Pistoia interprète gracieusement l'Amour, à un point de vue naturel ; l'autre, celle de Cavalcanti, qui dès lors devint le « premier ami » du poète, charma son destinataire par la forme élevée et métaphysique de son appréciation ; quant à la troisième, de Maiano, son auteur ne se gêna pas pour exprimer, sous une forme vulgaire, mais sincère, sa manière de voir : il déclara à Dante que ce songe émanait d'un cerveau malade.

« Considérant », lui dit-il, « la chose sur laquelle tu m'as interrogé, je te réponds en te faisant connaître la

(1) « Il faut savoir que c'était, pour les poètes toscans du XIIIe siècle, un usage et un exercice favoris de s'adresser les uns aux autres, sous forme de sonnets, des espèces d'énigmes ou de problèmes poétiques sur des questions difficiles ou capricieuses d'amour, de galanterie et de métaphysique chevaleresques. Chacun de ceux à qui l'une de ces questions avait été adressée s'évertuait de son mieux à y répondre, car c'était pour lui une belle occasion de faire preuve de savoir et d'habileté. » (Fauriel).

véritable signification de ton songe, toi, mon ami, qui te montres si peu intelligent en cette occasion.

« Pour satisfaire complètement à ta demande, je te dirai : que si ton esprit est ferme et sain, tu n'as rien de mieux à faire que de te baigner largement... afin de dissiper tes vapeurs

« Qui te font débiter des contes en l'air ; mais, que si tu es affligé d'un mal incurable, il faut que tu saches que j'entends que tu n'as fait autre chose qu'extravaguer.

« Telle est mon opinion, que je te fais connaître en répondant, et dont je ne changerai pas, jusqu'au moment où je pourrai faire voir tes urines aux médecins. » (1).

Il semblerait que ce poète eût plus de connaissances thérapeutiques que poétiques ; il passe, du reste, pour l'un des écrivains les moins littéraires de son temps. Nous devons cependant prêter quelque attention à ses réflexions et nous demander, si comme cela arrive souvent chez les hommes supérieurs, la part du subjectif ne fut pas chez, Dante, particulièrement disproportionnée avec celle de l'objectif, et si dans son bon sens vulgaire, Maiano n'eut pas raison de suspecter la santé mentale du poète. Pour plausible que puisse paraître cette supposition, on ne trouve cependant rien, dans les œuvres postérieures du grand florentin, qui permette de la légitimer. Tout au plus est-on en droit de penser que ce déséquilibre passager, cette subjectivité à outrance qui se manifestèrent alors dans son âme, eurent pour seule et unique cause son grand amour pour Béatrice.

C'est durant son exil, entre 1307 et 1309, qu'il écrivit en langue vulgaire le *Convito* (Banquet) qui, ainsi que l'indique son titre, avait pour but, dans sa pensée, de servir de « nourriture à l'ignorance ». Cet ouvrage devait être le commentaire de quatorze canzoni écrites après la mort de Béatrice ; mais le plan primitif ne fut pas entièrement exé-

(1) Traduction de Delécluze, 1859.

cuté, les quatre traités dont se compose le *Convito* ne concernant que trois de ces canzoni. L'auteur prétendait, en entreprenant d'expliquer le sens littēral et le sens allégorique de ces diverses pièces, se réhabiliter devant la partie de l'opinion publique qui le considérait comme un poète frivole attaché surtout à la poésie amoureuse. — Le premier traité est consacré à l'exposition de ce qu'il se propose, c'est-à-dire « d'instruire non seulement les gens sachant le latin, mais ceux qui abandonnent l'étude aux pédants : princes, chevaliers, barons, et non seulement les hommes, mais aussi les femmes ». Il conclut que la science étant le dernier degré de perfection, nous avons tous le désir de la posséder. Puis il explique longuement, en des termes saisissants, les raisons de sa préférence pour la langue vulgaire et tout ce qu'il lui doit. « Le Vulgaire natal, devenu mien », dit-il, « a été l'instrument commun de ceux qui m'ont engendré; c'est avec lui qu'ils parlaient, comme le feu est la préparation du fer pour le forgeron qui fabrique le couteau : il a donc concouru à une génération intellectuelle, et il est ainsi, en quelque sorte, cause de mon être. De plus, il est mon introducteur dans la vie de la science qui est la suprême perfection ; par lui je fus initié au latin, et avec lui ce dernier me fut enseigné ». (1) — Quant aux trois autres traités, ils sont consacrés aux commentaires de trois canzoni, commentaires dans lesquels s'étalent, avec une trop grande érudition, toutes les connaissances scientifiques, philosophiques et astronomiques de l'auteur.

Ce fut, croit-on, entre les années 1309 et 1313 que Dante écrivit en latin son traité *de Monarchia* où se trouve exposée sa théorie sur la monarchie universelle. Il recherche d'abord : 1° si la monarchie est nécessaire au bien-être du monde ; 2° si le peuple romain s'est attribué, avec justice, le droit d'exercer cette monarchie ; 3° si l'autorité impé-

(1) Traduction S. Rhéal.

riale dépend immédiatement de Dieu, ou d'un intermédiaire, ministre ou vicaire de Dieu. Il répond affirmativement aux deux premières questions ; en ce qui concerne la troisième, il réfute tous les arguments, tirés de l'Ancien et du Nouveau Testament, allant à l'encontre de sa manière de voir. Cet ouvrage lui attira un grand nombre d'ennemis et fut mis à l'index.

La publication du *De vulgari eloquio*, composé en latin, semble avoir eu lieu vers 1310. Dante y traite du genre de la langue italienne et de l'emploi qu'on en peut faire. Il divise les langues européennes en trois familles : germanique, grecque et latine. Il énumère les quatorze dialectes parlés en Italie, et après avoir critiqué et jugé sévèrement chacun d'eux individuellement, il conclut que la langue nationale sortira d'une combinaison judicieuse de leurs divers élements.

Il est plus difficile de préciser la date à laquelle fut commencée la *Divine Comédie*. Nous savons, du moins, que la pensée de consacrer un poème à la gloire de Béatrice se retrouve, non seulement dans la *Vita Nuova*, mais encore dans d'autres compositions de la jeunesse de Dante, ce qui permet de lui appliquer cette remarque, placée par Alfred de Vigny dans la bouche de Cinq-Mars : « Qu'est-ce qu'une grande vie, sinon une pensée de la jeunesse exécutée par l'âge mûr ? » Il paraîtrait assez vraisemblable que le poème ait été commencé dans les dernières années du XIIIe siècle ; toujours est-il qu'à cette époque Dante avait été éprouvé déjà par les souffrances morales et déçu par les déboires politiques; il avait vu déjà le spectacle d'un monde déchiré par la haine réciproque des hommes et envahi de tous côtés par le mal. D'après Boccace, les sept premiers chants de la *Divine Comédie* auraient été écrits avant l'exil du poète, et ce serait grâce à l'un de ses neveux, André Poggi, que le petit cahier contenant les premières pages de cet ouvrage aurait été sauvé, après avoir été trouvé, par hasard, dans un coffre, à l'époque où la populace ingrate, soulevée contre Dante, avait assailli sa maison. Ce manuscrit aurait été porté à la connaissance d'un nommé Dino di Messer Lambertuccio, fameux récitateur de rimes du temps, qui aurait reconnu la manière de faire de notre poète. Ayant appris que celui-ci se trouvait auprès du marquis de Malespina, il aurait envoyé le manuscrit à ce dernier, qui, très entendu en matière d'art, l'aurait lu et loué chaleureusement, et aurait demandé à Dante s'il n'en était pas l'auteur. Celui-ci, après avoir reconnu son travail, surpris de cette trouvaille, aurait, sur les instances de son protecteur, continué son œuvre dont les compléments successifs devraient être placés entre les années 1314 et 1321. Quoique Boccace ait souvent manqué de sens historique, on peut croire cependant à la véracité de son récit, corroboré en partie par les indications que Dante donne lui-même au cours de son poème.

D'après les écrivains catholiques, tels que Ozanam et A. de Margerie, ce serait, après avoir assisté à l'incomparable spectacle de la chrétienté se précipitant spontanément à Rome, lors du jubilé qui clôtura le XIIIe siècle, sous le pontificat de Boniface VIII, que Dante, au nombre des pélerins, enthousiasmé par le spectacle de ces populations innombrables se rendant à Saint-Pierre, et raffermi dans sa foi, aurait conçu le dessein de célébrer la grandeur du catholicisme, et « de fixer par la parole », selon l'expression d'Ozanam, « les grands spectacles de l'éternité qui l'enveloppaient ». Nous aurions eu ainsi, grâce à ce que ce critique appelle « la conversion de Dante », l'épopée colossale de la *Divine Comédie,* au lieu d'un simple chef-d'œuvre de poésie amoureuse.

C'est cette épopée que nous allons nous efforcer de résumer, aussi brièvement que possible, en rappelant d'abord, d'après Dante lui-même, pourquoi la *Divine Comédie* reçut un tel titre. Dans une lettre adressée à Cane Grande, le poète a pris soin de justifier ce choix en disant que le commencement d'une Comédie est toujours âpre et difficile, tandis que son dénouement est heureux, dispositions contraires à celles de la Tragédie qui s'ouvre au milieu du calme et se termine malheureusement ; d'où il conclut que son poème, ayant pour commencement l'Enfer et pour fin le Paradis, mérite mieux le nom de Comédie que celui de Tragédie. Le nom de « divine » ne fut ajouté que deux siècles plus tard : témoignage de l'admiration des Italiens pour une telle œuvre.

Passons maintenant à l'analyse du poème : — au milieu de sa vie, c'est-à-dire à l'âge de 35 ans, Dante, sortant d'un long sommeil, se voit égaré dans une forêt obscure. Parvenu au pied d'une colline, il veut en gravir la pente, quand soudain, il est arrêté par une panthère lui barrant le passage, et qui, d'après les plus anciens commentateurs, incarnerait la passion sensuelle ; puis par un lion rugissant et une louve affamée, qui représenteraient l'orgueil et l'avarice. Effrayé, il redescend vers la forêt sinistre où il aperçoit une forme humaine : il reconnaît Virgile. Celui-ci annonce à Dante qu'il faut prendre une autre route pour sortir de ce lieu de terreur. Il devra traverser le séjour des damnés et le Purgatoire. Jusque-là, Virgile, qui en venant à lui n'a fait que se rendre au désir de Béatrice, sera son guide ; mais une autre âme bienheureuse le mènera ensuite parmi les élus, car le chantre d'Énée, en tant que païen, ne saurait avoir l'entrée du ciel.

Les deux voyageurs descendent alors successivement dans les neuf cercles dont le poète imagine l'Enfer formé, et qui vont en se rétrécissant jusqu'au centre de la terre.

Ils franchissent la porte de la cité sur laquelle est gravée cette inscription : « Vous qui entrez, perdez toute espérance ».

Sous la conduite du démon Caron, ils abordent au séjour

des Limbes, où sont les âmes vertueuses et innocentes privées du baptême ; Homère, Horace, Ovide et Lucain viennent à leur rencontre et se dirigent vers un château mystérieux, séjour des illustres personnages des temps héroïques, parmi lesquels apparaissent les princes de la pensée : Aristote, Platon, Socrate et d'autres savants illustres. (A ceux qui s'étonneraient de ne pas voir figurer dans ce groupe les grands tragiques grecs, Eschyle, Sophocle, Euripide, nous rappellerons, conformément à la remarque d'A. de Margerie, que la tragédie grecque fut presque absolument inconnue en Occident, jusqu'à la prise de Constantinople.)

Ensuite commence, avec le deuxième cercle, la région des supplices : les luxurieux sont emportés dans un éternel ouragan, au sein duquel on distingue Cléopâtre, la tragique Hélène, Françoise de Rimini, etc.

Dans le troisième cercle figurent les gourmands frappés constamment par la grêle, la pluie et la neige, et exposés aux morsures de Cerbère.

Au quatrième cercle, les avares et les prodigues s'entrechoquent et se brisent les uns contre les autres : parmi eux, Dante reconnaît des clercs, papes ou cardinaux, qu'égara la soif de l'or ou la passion de la dépense.

Au cinquième cercle, les âmes coléreuses sont plongées dans la boue fangeuse et pestilentielle du Styx.

Les voyageurs entrent ensuite dans le sixième cercle et voient une plaine nue, hérissée de tombes incandescentes : les hérétiques et les épicuriens y sont enfermés. L'empereur Frédéric II est au nombre de ces malheureux, avec Farinata et Cavalcante Cavalcanti.

Le septième cercle comprend trois girons : — le premier est formé d'un large fossé où, dans une rivière de feu, sont plongés les violents contre le prochain ; — le second qui succède immédiatement au premier, est formé d'un bois affreux où sont punis les violents contre eux-mêmes ;

toute cette forêt est animée et le sang jaillit des branches que l'on coupe ; — arrivés au troisième giron, les visiteurs se trouvent en présence de ceux qui ont pêché contre Dieu et contre la nature, et qui expient leurs fautes sous une pluie enflammée qui embrase le sol : là se trouve Brunetto Latini avec beaucoup d'autres florentins.

Parvenus au huitième cercle, sous la conduite de Géryon, Dante et Virgile contemplent les séducteurs fustigés, et les flatteurs enfoncés dans un cloaque immonde. Les simoniaques sont plongés dans des fosses, la tête en bas ; on voit pendre à moitié leurs jambes, dévorées par des flammes qui courent à leur surface. Dante en remarque un dont le supplice lui paraît le plus affreux, et s'en approche. Avec un raffinement d'art et un esprit satirique, dignes de la haine que l'illustre florentin éprouva pour le pape Boniface VIII, encore vivant, et désireux de faire connaître la place qu'il lui assigne, il prête au damné cette méprise :

« . . . . . . Dans la fosse éternelle
Déjà toi, Boniface ? et debout ? déjà toi ?
De trois ans l'horoscope a donc manqué de foi ?

Es-tu rassasié sitôt de l'or infâme
Que convoitait ton cœur lorsque tu pris pour femme
L'Église, hélas ! trompée, et devins son bourreau ! » (1).

Dante se fait connaître au damné qui n'est autre que le pape Nicolas III, et lui réplique par un véhément discours contre les abus de la Papauté. Virgile, qui a écouté son élève avec un air d'approbation, l'enveloppe alors de ses bras et le transporte au bord du fossé, au fond duquel défilent les devins, pleurant en silence, avançant à reculons, la face tournée vers le dos. Ceux qui ont trafiqué de la justice sont plongés dans un lac de poix bouillante dont ils ne peuvent sortir pour respirer sans être immédiatement assaillis par des démons qui les déchirent avec leurs fourches, leurs

(1) *Traduction* de A. de Margerie.

harpons et leurs crocs. Les hypocrites marchent, courbés sous des chapes de plomb, tandis que les voleurs sont piqués par des serpents, et se métamorphosent eux-mêmes en reptiles. Les mauvais conseillers errent, enveloppés chacun d'un manteau de flammes : Ulysse et Guido de Montefeltro sont parmi eux.

Dans le neuvième cercle sont punis les schismatiques et les artisans de discordes. En tête de ces « auteurs de déchirements, déchirés eux-mêmes selon la loi d'un talion symbolique », se présente *Mahomet* couvert de sang, mutilé. Les charlatans sont rongés par la lèpre et les faussaires se mordent les uns les autres. Au plus profond de ce dernier cercle sont punis les traîtres : Caïn le fratricide, Ugolin, Anténor. C'est là qu'est enchaîné Satan, qui devait être idéalisé plus tard par le grand Milton : il est enfoncé jusqu'aux épaules dans un étang de glace, avec trois faces et six ailes immenses ; ses trois gueules déchirent Brutus et Cassius, les assassins de César, leur bienfaiteur, et le déicide Judas.

Arrivés à ce point de leur voyage, les deux poètes, s'accrochant au corps de Lucifer, traversent l'intérieur de la terre et revoient avec bonheur les étoiles.

Ils sont sur la plage de l'île qui porte le mont du Purgatoire. Le gardien de ce séjour, l'Antepurgatoire, est Caton d'Utique, qui prescrit à Dante certaines purifications.

Les voyageurs rencontrent, en premier lieu, les âmes des excommuniés condamnées à rester immobiles, trente fois aussi longtemps qu'elles ont été coupables, avant de se mettre en marche vers un séjour meilleur.

Plus loin sont retenues les âmes qui ont paresseusement différé leur conversion ; parmi elles est un mantouan, Sordello, le célèbre troubadour du XIIIe siècle, que Dante reconnaît. Leur entrevue provoque une des plus célèbres effusions lyriques et poétiques du poème au sujet des déchirements de la malheureuse Italie. Sordello montre aux deux poètes « Rodolphe de Habsbourg qui, pouvant guérir les plaies de l'Italie, n'a pas rempli son devoir » ; Philippe le Hardi, « l'homme au nez camus », le père de Philippe-le-Bel, le fléau de la France, comme l'appelle Dante.

Après une nuit de repos, les voyageurs arrivent à la porte du Purgatoire qu'un ange leur ouvre.

Ils croisent d'abord les orgueilleux qui marchent avec peine, écrasés sous le poids de lourds fardeaux ; puis successivement, à mesure qu'ils s'élèvent : les envieux qui cheminent les paupières percées et cousues avec un fil de fer ; les coléreux, plongés dans une épaisse fumée ; les paresseux, condamnés à courir sans trêve et sans repos.

Plus loin, les avares, étendus face contre terre, sont immobilisés, dans cette position, sur le sol. Hugues Capet est du nombre ; ici la haine du poète contre la France se donne libre carrière, et « il met sur les lèvres de ce fondateur de la troisième dynastie le plus amer réquisitoire contre toute sa race ».

Dante et Virgile rejoignent alors le poète Stace qui vient d'achever sa purification et qui les accompagnera désormais. Ils traversent le cercle où les gourmands, qui semblent décharnés par l'inanition, expient leurs fautes, tandis que les luxurieux, dans les flammes, se purgent de leur incontinence.

Enfin le sommet du Purgatoire est atteint. Les trois pélerins rencontrent la comtesse Mathilde qui chante, tout en cueillant des fleurs ; ils côtoient le Léthé, dans lequel cette dernière plonge Dante pour lui faire oublier sa vie passée ; et celui-ci, abandonné de Virgile qui a disparu, assiste, avec Stace, à la procession mystique et au triomphe de Béatrice.

Après avoir bu les eaux du fleuve Eunoé, le poète, désormais purifié, s'élance, guidé par le regard de son idole, vers l'Empyrée. Il monte successivement dans les dix sphères du ciel.

Dans la Lune, il rencontre les âmes récompensées pour leur chasteté.

Dans la planète Mercure, il converse avec Justinien, et discute avec lui l'idée de l'universelle souveraineté impériale, sous le rapport politique ; puis Béatrice lui explique, en une véritable dissertation théologique, l'immortalité de l'âme et la résurrection des corps.

Il est alors transporté avec sa bien aimée dans le troisième ciel : celui de Vénus. Là, l'âme de Charles Martel, fils de Charles le Boîteux, s'offre à répondre aux questions du poète ; et sur la demande de celui-ci de lui expliquer comment d'un père libéral peut naître un fils avare, le prince angevin fait, selon les principes d'Aristote, toute une exposition de la vie sociale.

Ayant atteint la sphère du soleil, Dante remarque d'autres âmes qui tournent en chantant. L'une d'elles, celle de saint Thomas d'Aquin, lui raconte la vie de saint François d'Assise, et c'est au cours de ce récit que Dante signale l'impuissance du catholicisme à convertir les musulmans :

> « Mais quand il eut compris que l'ardeur de son zèle,
> Vainement s'épuisait sur ce peuple rebelle,
> Il revint aux moissons de son pays natal (1) ».

Ensuite saint Bonaventure narre la vie de saint Dominique.

Parvenu à la planète Mars, Dante contemple une croix brillante, au milieu de laquelle resplendit le Christ, avec les âmes des martyrs. Son ancêtre Cacciaguida lui apparaît, et là se place une scène attendrissante, pleine de respect filial, où l'aïeul évoque les beaux jours de Florence.

Plus haut, dans l'orbe de Jupiter, flamboie un grand

(1) *Paradis*, chap. XI (traduction de A. de Margerie).

aigle dont les membres sont formés par les âmes des saints et des grands rois.

Dans le septième ciel, celui de Saturne, les âmes des ermites et des mystiques forment une échelle merveilleuse.

Dans le huitième, celui des Gémeaux, brillent le Christ et la Vierge Marie. Alors, saint Pierre, saint Jacques et saint Jean interrogent Dante sur les trois vertus théologales : la Foi, l'Espérance et la Charité. Avec l'aide de Béatrice, le poète répond d'une façon satisfaisante à ses interrogateurs ; il fait un véritable exposé de la religion chrétienne.

Enfin, il monte à la neuvième sphère, nommée le premier Mobile. Il voit étinceler un point lumineux, qui figure l'essence divine, et autour duquel tournent neuf cercles. Béatrice lui explique la nature des Anges et le conduit au dixième ciel : l'Empyrée.

Là, Béatrice revêt une beauté nouvelle et l'entraîne au cœur doré de la rose mystique en lui montrant un siège vide sur lequel est posée la couronne impériale : ce siège est réservé à l'empereur Henri de Luxembourg. Béatrice quitte le poète pour aller prendre place sur le trône où l'ont élevée ses mérites. Saint Bernard devient alors le guide de Dante et lui fait admirer la gloire de la Vierge. Par la grâce de Marie, celui-ci contemple la Trinité et, dans une intuition immédiate, il voit tous les mystères se révéler à lui.

Telle est la *Divine Comédie* que Villani définit « un poème où sont traitées, en belles rimes, de grandes et subtiles questions morales, naturelles, astrologiques, philosophiques, théologiques », et, ajouterons-nous, sociologiques et politiques.

Il nous reste à apprécier maintenant, sous chacun de ces différents points de vue, l'ouvrage qui vient d'être résumé ;

appréciation d'autant plus difficultueuse, qu'en raison de l'allure allégorique et symbolique du poème, il est aisé à chacun d'interpréter, selon ses préférences, les passages difficiles à saisir, et de subordonner, dans une certaine mesure, à sa propre personnalité, celle du poète. En nous mettant en garde, d'une part, contre la tendance des admirateurs de Dante, portés à le façonner à leur image, d'autre part, contre celle de ses détracteurs, portés à voir en lui l'adversaire de leurs propres sentiments, nous tâcherons de nous inspirer de la méthode positive qui, dans l'examen de toute œuvre littéraire, tient compte, à la fois, des données psychologiques et sociologiques en les contrôlant les unes par les autres.

Toutefois, avant d'aborder la critique de la *Divine Comédie*, nous croyons qu'il n'est pas sans intérêt d'esquisser, en nous aidant des précieux documents fournis par Fauriel (1), l'histoire des bonnes et des mauvaises fortunes qu'elle a rencontrées à travers les siècles, depuis le XIVe jusqu'à nos jours, et de donner un aperçu des principales appréciations qu'elle a suggérées aux écrivains des XIXe et XXe siècles.

Dès son apparition, sa forme allégorique et symbolique a provoqué des commentaires qui n'ont pas tous concouru à élucider le sens des passages équivoques, et qui, parfois, ont plutôt contribué à augmenter la difficulté de leur interprétation. D'autre part, lorsque Dante se commente lui-même, il est souvent plus obscur que ses commentateurs. Ainsi que le remarque Péladan, dans sa curieuse étude sur *La Doctrine de Dante* (1908), « l'obscurité des textes affecte deux formes : ou ils parurent obscurs, en leur temps, en leur lieu, par la volonté ou la faute de l'auteur ; ou ils le sont devenus par l'abolition du milieu et de la succession

(1) *Dante et les origines de la langue et de la littérature italiennes.* — Cours de l'année 1833, publié en 1854.

des jours ». Or, il semble bien que la volonté de Dante ne fut pas étrangère à cette obscurité si nous nous en rapportons à ce qu'il exprime, à ce sujet, d'une façon suffisamment caractéristique, dans la lettre qu'il écrivit à Cane Grande, en lui dédiant son *Paradis*. « Il faut savoir », dit-il, « que le sens de cet ouvrage n'est pas simple, mais multiple. Le premier sens est celui qui se montre sous la lettre, le second est celui qui se cache sous les choses énoncées par la lettre ; le premier se nomme littéral, le second allégorique ou moral. D'après ces considérations, il est évident que le sujet doit être double afin de se prêter alternativement aux deux sens indiqués ». Il ne fait, du reste, que répéter ici ce qu'il a dit déjà, notamment dans le *Convito* (1). Au IXe chant de l'Enfer, il insiste, à nouveau, sur la double signification qu'il donne à ses paroles :

> « O vous de qui l'esprit est sain, sachez comprendre
> L'enseignement que cache et pourtant fait entendre
> Le voile que je tisse en ces étranges vers ».

Au VIIIe chant du Purgatoire, il ajoute :

> « D'un œil clair fixe ici, lecteur, la vérité ;
> Telle à présent du voile est la ténuité
> Que ton regard pourra le traverser sans peine. »

Et si nous remontons à ses canzoni, il s'exprime ainsi au sujet de l'une d'elles : « O canzone, ceux-là seront rares qui saisiront bien ton sujet, tant ton langage est difficile et laborieux ».

On ne saurait cependant conclure de là que tout soit volontairement ténébreux dans l'œuvre de Dante. A la lecture de ces quelques passages, on ne peut s'empêcher de faire un rapprochement avec les paroles de l'Écriture : « que celui qui a des oreilles m'entende », et de réfuter en même temps l'opinion de ceux qui ont voulu faire du symbolisme de l'au-

(1) Traité II, ch. XII.

teur une arme contre son esprit catholique. N'oublions pas qu'il traitait un sujet symbolique par lui-même, si nous nous en rapportons au langage de la Bible, et qu'il se bornait à imiter le mode d'expression déjà adopté pour la doctrine dont il se constituait l'interprète poétique. Il semblerait pourtant que la lettre à Cane Grande dût suffire pour persuader les commentateurs que le sens littéral existait bien réellement sous le sens allégorique. Néanmoins, nombreux ont été ceux qui n'ont voulu envisager l'œuvre de Dante qu'à ce dernier point de vue, sacrifiant ainsi toute la partie littérale du texte. Le champ restait donc grand ouvert aux interprétations les plus extraordinaires et aux critiques les plus passionnées. C'est pourquoi la *Divine Comédie* donna tout de suite matière à des discussions et à des luttes sans fin, qui durent encore de nos jours, entre les écrivains. Les uns l'ont condamnée, tandis que d'autres ont fait son apologie.

Si elle a excité tout d'abord la curiosité de son milieu, ce fut, semble-t-il, plus par les nombreux récits qu'elle renferme et par la passion déchaînée avec laquelle l'auteur s'érige en justicier des vivants et des morts que par son côté artistique. Son langage vulgaire, dédaigné de ceux qui se considéraient comme les « continuateurs de Virgile et d'Horace », contribua à mettre le poème en disgrâce partielle auprès des fervents du latinisme, et à le faire accueillir plus favorablement du peuple que des érudits, s'il faut en croire les traditions de l'époque (1). Parmi ceux-ci, Pétrarque et Boccace furent les premiers à

(1) « En 1300 l'œuvre la plus inspirée, la plus calculée du genre humain, ce mortel effort de science et de passion concentrée, la *Divine Comédie,* passe et n'a nulle action. Florence, qui à ce moment succède partout aux Juifs, dans la banque et dans l'usure, a bien autre chose à faire. L'Italie, antidantesque, ne lit que le *Décaméron*. Le grand poème théologique est renvoyé à Saint-Thomas, à l'école, et à l'église, aux prédications du dimanche. » Michelet, in *Histoire de France au XVIe siècle,* 1855.

exprimer franchement l'admiration dont les siècles futurs devaient entourer le grand Alighieri. Puis, « de toutes parts », dit Sismondi, « on entreprit de commenter le poète : les fils de Dante, Pierre et Giacopo, furent les premiers qui l'enrichirent de leurs notes précieuses. Jean Visconti, archevêque et seigneur de Milan, rassembla, en 1350, les six hommes qu'il jugea les plus savants de toute l'Italie, deux théologiens, deux philosophes et deux antiquaires florentins, pour qu'ils écrivissent un commentaire sur la *Divine Comédie.* Une chaire fut fondée à Florence en 1373, pour commenter Dante, et Boccace fut le premier maître de cette science nouvelle ; une autre chaire fut établie à Bologne pour le même objet, et Benvenuto d'Imola, dont nous avons les commentaires, y fut le premier professeur» (1). C'est dans les églises que se donnait l'enseignement sur le symbolisme du poème, et les séances avaient lieu principalement les jours de grande fête, en présence d'une assistance nombreuse ; l'église de Saint-Étienne, à Florence, réunissait les disciples instruits par Boccace. Dans la seconde moitié du XIVe siècle, les imitations de Fazio degli Uberti et de Federigo Frezzi témoignent de la vogue dont commençait à jouir l'œuvre du florentin, bien qu'elle fût loin d'être encore appréciée à sa juste valeur.

Le XVe siècle, à l'exemple du précédent, continua à éclairer et à commenter le grand poème ; mais, dans cette période d'affaissement politique et moral pour l'Italie, où, selon la remarque de Fauriel, l'érudition avait supplanté l'esprit poétique, il arriva à la *Divine Comédie* de n'être regardée, par les pédants qui méprisaient toujours la langue vulgaire, que comme « un répertoire de trivialités monacales, que comme un livre à dépecer chez l'apothicaire et l'épicier, pour faire des enveloppes de drogues et de poisson salé, un livre de tailleur et de savetier ».

(1) *Histoire des Républiques italiennes,* tome IV, ch. V, 1807-1818.

Néanmoins nous devons rendre cette justice aux commentateurs du XVe siècle, qu'à l'exemple de ceux du XIVe, et malgré leur manque d'esprit critique, ils nous ont légué les données nécessaires à la compréhension d'une multitude de passages, ayant trait à des personnages ou à des faits de l'époque, qu'il eût été impossible d'interpréter de nos jours.

Mais la découverte de l'imprimerie contribua puissamment à propager l'œuvre de Dante, dont il parut, en divers pays, dix-huit éditions de 1472 à 1497 (1).

Bien que défendu par Jacopo Mazzoni, littérateur et philosophe, Dante, au XVIe siècle, eut moins d'admirateurs que Pétrarque, et resta dans une ombre relative. « L'orfèvrerie dominait alors l'architecture. » (Michelet). S'il fut étudié au point de vue de la langue, on se préoccupa peu de sa pensée et de la forme dont il l'avait revêtue ; cependant, les attaques mêmes dont il fut l'objet contribuèrent, petit à petit, à le faire connaître et il devint ainsi un sujet d'étude pour les érudits qui s'intéressaient à la littérature italienne. En 1596, Grangier, l'aumônier de Henri IV, traduisait en vers français l'épopée de Dante.

Au XVIIe siècle, l'admiration des italiens pour le bel esprit et le bizarre, n'était pas faite pour remettre le poème en lumière ; car si ce siècle se distingua par quelques écrivains de génie, « il manqua d'enthousiasme, de profondeur et de goût pour la science ». En France, l'œuvre dantesque n'était considérée que comme une œuvre d'érudition. Mais un changement subit se manifesta dans la littérature italienne vers la fin du XVIIe siècle, et au début du XVIIIe. Grâce aux rénovateurs du goût, à la tête desquels Fauriel place Gravina, jurisconsulte, historien et philosophe, on vit refleurir « la gloire et l'étude de Dante. » « Gravina », dit l'auteur des *Origines de la langue italienne*,

(1) Artaud de Montor. *Histoire de Dante*, ch. XI.

« n'admire pas moins l'originalité de l'exécution que la sublimité de l'invention. Dante lui semble avoir été précisément pour la poésie italienne ce qu'Homère fut jadis pour la poésie grecque ». Quelque temps après Gravina, l'illustre Vico, dans ses *Principes de la Philosophie de l'Histoire,* manifestait son admiration pour le poète philosophe dont il faisait ressortir la valeur comme historien. Mais aux yeux d'autres littérateurs du XVIIIe siècle, celui-ci n'était rien de plus « qu'un poète remarquable pour son temps ».

C'est ainsi qu'en France nous voyons Voltaire manifester à son égard le plus grand dédain. Dans le *Dictionnaire philosophique,* il déclare que la réputation de Dante s'affirmera toujours, parce qu'on ne le lit guère, qu'il y a de lui une vingtaine de traits qu'on sait par cœur et que cela suffit pour s'épargner la peine d'examiner le reste. Dans un mot adressé au père Bettinelli, auteur des *Lettres Virgiliennes,* il louait son courage d'avoir osé dire que le poète italien était un fou et son ouvrage un monstre. Il terminait en déclarant qu'il ne serait jamais lu. « On me vole toujours », ajoutait-il, « un tome de l'Arioste, on ne m'a jamais volé un Dante » (1). Ce jugement, léger et sarcastique, tenait sans doute à ce que Voltaire, avec sa superficialité habituelle, s'était contenté de parcourir la *Divine Comédie* sans prendre la peine de l'étudier jamais à fond ; à ce que les commentaires (2) de l'époque étaient insuffisants pour diminuer les obscurités du texte ; à ce qu'enfin surtout, Voltaire, dominé par sa passion anticléricale, méconnaissait complètement le Moyen-âge, cette période de l'Histoire si féconde aux yeux des positivistes, tant au point de vue du progrès moral que du progrès social, et dont la juste compréhension est indispensable pour apprécier à sa valeur la *Divine Comédie.*

Malgré sa connaissance de l'Italie, le président de Brosses,

(1) *Lundis :* Sainte-Beuve, 1854, t. XI.

(2) Voltaire prétextait que ces commentaires étaient une raison pour que Dante ne fût pas compris.

le sagace auteur de la *Dissertation sur les dieux fétiches*, à cause sans doute de son horreur du Moyen-âge, bien que d'esprit plus profond que Voltaire, partagea son dédain à l'égard du poète que nous étudions ; il le trouve d'un *sublime dur* et déclare : « Plus je lis le Dante (1), plus je reste surpris de cette préférence que je lui ai vu donner sur l'Arioste par des connaisseurs ; il me semble que c'est comme si on mettait le *Roman de la Rose* au-dessus de La Fontaine. J'avoue que le Dante ne me plaît qu'en peu d'endroits et me fatigue partout » (2).

Vers la fin du XVIIIe siècle, Alfieri et Monti, écrivains italiens rivaux, se proclamèrent tous deux disciples du Maître ; bien que l'appréciant à des points de vue différents, ils l'étudièrent l'un et l'autre avec un égal amour et une égale ardeur et contribuèrent à porter très haut sa gloire en Italie.

Après Moutonnet de Clairfons (1776), Rivarol, en France (1784), — bien que Voltaire lui eût dit plaisamment qu'il ne traduirait jamais Dante en style soutenu « ou qu'il changerait trois fois de peau avant de se tirer des pattes de ce diable-là », — donna une traduction de l'*Enfer*, accompagnée de notes suggestives et souvent spirituelles. « Quand Dante est beau », dit-il, « rien ne lui est comparable ; son vers se tient debout par la seule force du substantif et du verbe sans le secours d'une seule épithète ».

Selon la remarque de Sainte-Beuve, qui lui-même fut un admirateur de Dante, le mérite de Rivarol a été « d'avoir le premier chez nous, apprécié avec élévation la

(1) Dante et non le Dante. « Dans le XVIe siècle, nous ne mettions pas l'article à son nom ; c'est plus tard que cette mauvaise habitude s'est introduite par une fausse connaissance de l'usage italien : les Italiens mettent l'article devant le nom de famille, *l'Alighieri*, *il Tasso*, mais jamais devant le prénom, et comme Dante, contraction de *Durante*, est un prénom, il ne prend pas l'article en italien et ne doit pas le prendre en français. » Littré. *Histoire de la langue française*.

(2) *Lettres historiques et critiques*, 1739.

nature et la qualité du génie de Dante. Sans doute il le sentit plutôt en artiste qu'en philosophe ou en historien ; il le prit plutôt par le style que par l'ordre de ses idées ; il méconnut le théologien.... », mais « le premier, il parla dignement de lui et le jugea finement sur des beautés de détail et d'exécution » (1854). L'appréciation de Rivarol, bien différente de celles de Voltaire et du Président de Brosses, marquait un progrès vers une compréhension plus juste de l'œuvre dantesque et neutralisait d'avance l'opinion de La Harpe et celle de Chateaubriand qui, depuis, ont osé déclarer : le premier, dans son *Cours de Littérature,* que la *Divine Comédie* était « un poème monstrueux, rempli d'extravagances » ; le second, dans le *Génie du Christianisme,* qu'elle était une « production bizarre » dont les beautés trouvaient leur source dans une pensée chrétienne.

Jusqu'à la fin du XVIIIe siècle, Dante avait eu assurément de nombreux traducteurs, en des langues diverses, mais il était réservé au XIXe d'achever la vulgarisation de son poème en produisant des écrivains capables, à la fois, de l'analyser et de l'expliquer ; car s'il est vrai, comme l'a dit Lamartine, dans son *Discours de réception à l'Académie française,* que chaque époque adopte et rajeunisse tour à tour quelqu'un de ces génies immortels qui sont toujours aussi des hommes de circonstance, « Dante semble bien redevenu le poète de notre époque, laquelle trahit sa nature par ses prédilections en se réfléchissant elle-même dans le poète italien et en y trouvant sa propre image. » Mais tandis que certains se sont contentés de l'apprécier, uniquement à un point de vue littéraire, quantité d'autres se sont livrés à une étude critique, philosophique et religieuse, dans laquelle, malheureusement, un trop grand nombre s'est laissé dominer par la passion. C'est ainsi que nous voyons des catholiques soutenir à outrance la thèse de l'orthodoxie parfaite du poète, alors que d'autres, non moins fervents, s'accordent, avec divers libres penseurs, pour le considérer comme l'un des plus dangereux adversaires de l'Église romaine. Au nombre des défenseurs de cette dernière opinion nous citerons l'italien Foscolo qui, en 1826, dans un discours sur la *Divine Comédie,* signalait son auteur comme animé de sentiments hostiles envers l'Église et voulant établir un nouveau culte sur les ruines du catholicisme.

Cette version ne resta pas sans écho, car quelques années plus tard, en 1832, le napolitain Rossetti, expatrié pour des raisons politiques, écrivit d'Angleterre, où il s'était réfugié, une étude sur l'*Esprit antipapal qui produisit la Réforme.* Dans cette publication (1), qui d'ailleurs fut mise à l'index, l'auteur émet des opinions tout à fait conformes à celles de Foscolo. Cherchant à expliquer l'obscurité du poète, il déclare que son langage conventionnel était celui d'une association secrète répandue dans l'Italie, et se rattachant à la secte des Albigeois, « que la Gaie science, le dire d'Amour, n'était que le jargon, l'argot de la faction gibeline » (Delécluze) qui avait succédé ou s'était mêlée à la secte des Patarins ; jargon qui contrastait avec le langage des Guelfes, toujours clair et positif, à l'exemple de celui de Brunetto. Cet argot, dont l'origine, à son avis, remontait à l'*Apocalypse*, était également en usage parmi les chevaliers du Temple ; enfin « sous le nom d'Amour, cette faction cachait son désir de voir l'empereur renverser le pape » (Delécluze). Selon Rossetti, ce mode de parler obscur, loin d'être spécial à Dante, aurait été employé de tout temps, par les anciens comme par les modernes, non par ignorance, mais pour se soustraire à la vengeance de ceux qui gouvernaient ; Pythagore et Platon, Dante, Pétrarque et Boccace auraient été les membres d'écoles mystérieuses destinées à diffuser des doctrines secrètes. C'est l'une de

(1) N'ayant pu lire Rossetti dans le texte italien, nous avons emprunté à Delécluze et à Schlegel le résumé de ses opinions. *Revue des Deux-Mondes*, février 1834-août 1836.

ces écoles, au dire de l'écrivain italien, qui aurait préparé la Réforme, par ses travaux « si grands et si constants » et qui aurait contribué à engendrer l'état révolutionnaire des sociétés modernes.

Dans la *Revue des Deux Mondes* du 15 février 1834, Delécluze publiait un article relatif à l'étude de Rossetti, intitulé : *Dante est-il hérétique ?* Tout en ne partageant pas complètement le système du napolitain qui avait vu partout un but politique dans les œuvres de Dante, ébranlé, comme il le dit lui-même, par la lecture de cet ouvrage, il conclut que « de toutes les clés données jusqu'à présent pour pénétrer dans ce sanctuaire, celle qu'a forgée Rossetti est encore celle qui ouvre le plus de portes ». Cependant, dans ses *Observations sur la Vie nouvelle* (Vita Nuova) parues en 1859, il ne semble plus partager les opinions de Rossetti qui, au lieu de voir dans cet ouvrage ce que Dante regardait comme la transition de l'erreur à la vérité, a voulu y trouver le passage d'une faction à une autre et la symbolisation du pouvoir impérial en la personne de Béatrice. Quant au langage voilé et mystérieux du poète, l'enthousiasme de Delécluze pour les interprétations du disciple de Foscolo semble aussi s'être modifié depuis 1834 ; car nous ne doutons pas qu'il ne fasse allusion, soit à l'ouvrage du critique italien, soit à celui d'Aroux, qui exprime des idées analogues, lorsqu'il parle de « ce gros livre fort savant, mais plus spécieux que solide » qui, voulant expliquer ce que tant d'écrivains ont conjecturé, n'a fait que donner une preuve de plus de notre ignorance. En ce qui concerne l'orthodoxie de Dante, Delécluze n'admet pas qu'on dise de lui qu'il est rigoureusement catholique ; il ne lui reconnaît ce titre qu'en ce qui touche aux dogmes.

Plus sévère que Delécluze à l'égard de Rossetti, le critique allemand Schlegel, dans la *Revue des Deux-Mondes* du 15 août 1836, a protesté énergiquement contre l'opinion de ce dernier sur les associations soit-disant secrètes. Il convient que « les associations ont été fréquentes dans le Moyen-âge parce qu'on cherchait des garanties particulières, au milieu de l'anarchie et des violences du pouvoir qui troublaient alternativement l'ordre social. Mais ces associations étaient généralement publiques. Ce siècle fier, franc, simple, énergique à l'excès, dédaignait la dissimulation et ne savait pas s'y prêter ». Il montre que les deux fameuses factions politiques, qui divisaient alors l'Italie, ne sauraient être comprises au nombre de ces associations, les Guelfes et les Gibelins n'ayant pas, comme ces dernières, des engagements formels, un régime intérieur et des statuts : chacun, sous les drapeaux de l'empereur ou du pape, combattant pour sa propre indépendance. Il ajoute : « l'association antipapale que Rossetti suppose n'avait donc rien de commun avec les Gibelins, puisque, selon lui, elle était dirigée contre l'autorité spirituelle du souverain pontifie, et qu'il identifie ces sectaires avec les Albigeois ou Vaudois » (Schlegel). Il raille l'auteur italien pour lequel la secte est la bien aimée de tout le monde : la Béatrice de Dante aussi bien que la Selvaggio de Cino de Pistoia, la Laure de Pétrarque et la Fiammetta de Boccace, et qui voit dans l'Enfer le monde gouverné par les papes, et dans Satan le pontife lui-même.

Quant à l'obscurité du texte, elle est imputable, au dire de ce critique, à l'extrême laconisme du langage de Dante, à la quantité de détails relatifs à des faits historiques qui nous sont inconnus aujourd'hui, à ses connaissances scientifiques si différentes des nôtres ; mais on n'y trouve jamais, dit-il, « cette obscurité vague qui naît de la confusion des idées et du style. Pour juger Dante équitablement, il faut connaître la pauvreté de ses matériaux, source de ses erreurs ». Il lui attribue un esprit antipapal, tout en reconnaissant qu'il ne désira jamais le renversement du Saint-Siège.

Dans la série des critiques qui ont fait de Dante un

adversaire du catholicisme, nous ajouterons, à ceux déjà mentionnés, les noms d'Aroux et de Péladan.

Le premier, en 1854, a publié un ouvrage, *Dante hérétique, révolutionnaire et socialiste : hérétique,* en tant que l'objet de son culte était non pas la lumière révélée, mais celle de la raison, et que sa doctrine était une sorte de panthéisme humanitaire ; *révolutionnaire* en tant que voulant substituer une monarchie universelle à une organisation théocratique ; *socialiste* en tant qu'il se proposait pour but la ruine de l'Église catholique, l'abolition de la noblesse de race et la suppression de l'hérédité des biens. Il affirme le caractère anti-papal de la poésie gibeline et appuie son opinion sur ce que l'usage de son langage conventionnel remonte aux âges les plus reculés et que ce moyen de propagande secrète, en Italie, concorde avec l'apparition des hérétiques patarins en 1176, et avec l'époque où les poésies provençales devinrent familières dans toute la péninsule. Il rappelle cette affirmation de Bélisaire Bulgarini que le poète florentin, de son vivant même, était considéré comme damné ; en preuve de quoi il cite ce couplet : « Messire Dante Alighieri, tu es un grand hâbleur, *gran ciancieri ;* tu as écrit un gros livre sur l'Enfer où tu n'es jamais allé ; mais compte bien que tu iras ». Son hérésie était, dit-il, reconnue par beaucoup. Partant de là, Aroux fait de notre poète une sorte de franc-maçon, un affilié de l'ordre supprimé du Temple !... et il prétend voir, tout au long du poème, des allusions en faveur de cet ordre contre l'abolition duquel « Dante », dit-il, « protesta comme étant un attentat odieux contre les lois divines et humaines ». C'est à cause de cette mesure politique qu'il aurait voué, selon Aroux, une haine si grande à Philippe IV le Bel, haine qui se manifeste dans les trois *cantiches*. Enfin, Dante est à ses yeux l'ennemi constant et acharné de la religion catholique, dissimulant ses agressions sous une apparente orthodoxie, au moyen d'un langage combiné. Cette critique de parti pris pousse l'auteur à voir, dans les couleurs dont le poète revêt Béatrice, lors de la procession mystique du Purgatoire, les mêmes couleurs que celles dont la franc-maçonnerie pare la statue de la Vérité (rouge, vert et blanc) ; et dans la rose, qui figure, au Paradis, l'image de l'empyrée, un rappel, à son avis, du grade de la rose-croix maçonnique ! En ce qui concerne le jugement de Dante comme citoyen, il le traite d'hypocrite sans se donner la peine d'analyser les motifs qui ont déterminé sa conduite.

Quant à Péladan, pour lequel Dante est l' « Homère de l'ère chrétienne, et le plus grand de tous les poètes », il interprète, à la manière de Rossetti et d'Aroux, le nom de « fidèle d'Amour » comme celui d'une sorte de secte. Pour les besoins de sa cause, il donne cette traduction, plus que libre, de la *Vita Nuova :* « Il y avait neuf ans que Dante était affilié à la secte lorsqu'il connut une doctrine tellement consolante, ou bien qu'il découvrit une loge tellement illuminée, que sa jeune intelligence s'émerveilla et qu'il chanta cette doctrine ou cette communion, pour y appeler de fameux troubadours » (1). S'agit-il du *De vulgari eloquio*, Péladan regarde cet ouvrage comme « destiné, dans l'esprit de son auteur, aux lettrés de sa communion, pour leur apprendre à bien lire la *Canzoniere* et à généraliser la chanson maçonnique comme moyen sûr d'exprimer les idées de la secte, sans éveiller les soupçons de l'inquisiteur » (2). L'Alighieri, qu'il appelle « le formidable adversaire de Rome », était, dit-il, « un doctrinaire convaincu ; en lui bouillonnaient, ardentes et vengeresses, les haines de Toulouse et les haines du Temple » (3). Sans doute, « il n'est pas l'auteur d'un système personnel, un penseur indépendant, qui secoue le joug romain. Croyant d'une religion qui n'a pas de nom dans l'histoire, puisqu'elle n'a jamais pu élever un temple au grand soleil, mystique d'une

(1, 2, 3) *La Doctrine de Dante*, chap. IV, 1908.

essence spéciale, puisqu'il invoque sans cesse la raison contre Rome tout en escaladant les sommets de l'illuminisme à la suite de saint Denis, il offre une œuvre indéchiffrable comme son masque » (1). Péladan est convaincu que Rossetti a deviné en partie l'énigme dantesque, et tout en prétendant ne pas avoir lu ses ouvrages, il se trouve singulièrement d'accord avec lui dans l'interprétation de la doctrine de Dante.

Bien qu'ils se soient montrés moins intransigeants dans leurs opinions que ces divers critiques, nous croyons devoir ranger, à leur suite, Gebhart et Symonds.

Le premier juge la *Divine Comédie,* dans la plus grande partie de son développement, comme un pamphlet politique tourné contre la Papauté. Selon lui, Dante est un humaniste et un visionnaire qui manifeste « un christianisme étrangement personnel, une religion toute révolutionnaire, mais d'une très forte logique, mêlée d'extase et de rationalisme, la dernière originalité de l'invention religieuse de l'Italie » (2).

Au dire du second (1874), Dante est avant tout un satirique ; chez lui, « la satire est moins un instrument d'invective générale que l'expression de sentiments personnels intenses et d'opinions mûrement arrêtées sur ses contemporains ». Parlant du torrent d'invectives lancées contre Boniface, il dit que « ce passage est de ceux qui rendent Dante cher à toute âme juste et généreuse. Fut-il jamais colère plus noble, respirant une telle haine concentrée pour la cupidité et la bassesse haut placées ? » (3). En politique, il le considère comme un idéaliste, un doctrinaire, passionné pour la monarchie de droit divin, de bonne foi dans son attente d'un Messie. Pour Dante, les lettres furent un moyen en vue d'un but.

(1) *La Doctrine de Dante,* chap. I, III, IV, 1908.
(2) *Italie Mystique,* 1893, chap. VII.
(3) *Dante,* traduct. Augis, chap. V.

Entre tous ceux qui ont défendu l'orthodoxie du poète, nous citerons d'abord : — Carlyle, qui, dans ses *Héros,* reconnaît la grandeur morale de l'auteur de la *Divine Comédie* et le considère, non pas comme un large esprit catholique, mais plutôt comme un esprit étroit et même sectaire, fruit de son époque et de sa propre nature (1) ; — Artaud de Montor, l'un de ceux qui ont le plus contribué à la vulgarisation de l'œuvre italienne, et qui, dans son travail très documenté sur l'*Histoire de Dante,* nous présente le poète comme très chrétien, éminemment catholique et non épicurien, contrairement à ce qu'on a prétendu. Il s'efforce de prouver que Dante n'a été ni le précurseur des réformateurs des XVe et XVIe siècles, ni un membre de société secrète, ni un écrivain ayant recours à l'argot pour dissimuler sa pensée ; « qu'avec plus ou moins de connaissance de l'orthodoxie, et jamais avec l'intention de blesser les dogmes, il agit, parla de la manière la plus ouverte, à moins qu'il ne se présentât à lui quelques-unes de ces formes mystérieuses qui appartenaient à son temps, et qu'il imitait plus qu'il ne les recherchait » (2).

Mais c'est Ozanam, surtout, imbu lui-même de théologie, qui a, dans son remarquable travail sur *Dante et la philosophie catholique du XIIIe siècle* (1845), défendu avec le plus de force et de conviction la thèse de l'orthodoxie de Dante, en consacrant un chapitre entier de son ouvrage à la justifier. A son avis, « la *Divine Comédie* est la Somme littéraire et philosophique du Moyen-âge, et Dante le saint Thomas de la poésie (3) ». Il proteste contre l'arrêt du père Harduin, prétendant que ce poème n'est pas l'œuvre de Dante, mais celle d'un disciple de Wicleff, composée vers 1412, et condamne le système de Foscolo et de Rossetti. Après avoir donné les preuves, qui, selon lui, établissent

(1) *Les Héros,* 1840, trad. Izoulet-Soubatières, 1890, 2e éd.
(2) *Histoire de Dante,* chap. XVII, 1841.
(3) Partie III, ch. V.

l'orthodoxie du poète (ses hommages envers l'Église, la tradition mise à côté de l'Écriture sainte, le pouvoir des clefs, la valeur de l'excommunication (!!), l'économie de la pénitence, sa confiance en l'intercession des saints, etc., etc.), il excuse l'attitude de Dante à l'égard des pontifes en séparant leur fonction de leur personne, et en déclarant que « jamais les catholiques ne furent tenus de croire à l'impeccabilité de leurs pasteurs »... « L'Église », dit-il, « couverte d'une inviolabilité plus sérieuse que celle dont on environne les rois, ne saurait être solidaire des iniquités de ses ministres ». Dans une note, il ajoute que son opinion est couverte par deux grandes autorités : la critique catholique n'ayant jamais trouvé d'hérésie dans la *Divine Comédie,* la critique protestante, représentée par Schlegel, s'étant élevée contre le paradoxe de Rossetti et de Foscolo. Et à l'appui de sa manière de voir, il nous apprend qu'un grand pape tenait pour esprit grossier quiconque n'admirait pas les beautés du poème.

Nous rangerons également parmi les défenseurs de l'orthodoxie de Dante, en résumant, en quelques mots, leurs appréciations, Sébastien Rhéal, Drouilhet de Sigalas, Lamennais, l'abbé Planet, A. de Margerie et Hauvette.

Sébastien Rhéal, auquel nous avons emprunté la traduction de divers passages du *Convito,* du *De Monarchia* et du *De Vulgari eloquio,* et qui a voué une partie de sa jeunesse à l'étude de leur auteur, s'exprime à son sujet en ces termes : « S'il est profondément catholique et novateur, il est profondément traditionnel et antique... Non certes, le petit-fils de Cacciaguida, baptisé dans son beau Saint Jean, bien que mystique, n'est pas un lettré chinois, comme la plupart nous le montrent, ni un sectaire masqué, selon quelques-uns. J'affirme qu'il est bon chrétien, sinon toujours parfait au point de vue général, toujours rationnel dans son ordre, toujours clair et intelligible *au fond,* grand et vrai comme les anciens maîtres dont il continuait le sacerdoce... Poète et philosophe, savant et citoyen, ces quatre natures, séparées chez les modernes, il les unit en lui comme dans toutes ses créations, comme il unit la science, la foi, l'invention et la méthode, la tradition et le progrès » (1).

Drouilhet de Sigalas soutient avec Ozanam que l'on chercherait en vain des traces réelles d'hétérodoxie dans l'œuvre de Dante. Il déclare faux et absurde le système qui fait de ce poète un adepte de sociétés secrètes ; il n'hésite pas à le proclamer « le chantre du catholicisme », « le Platon de la civilisation chrétienne » (2).

Lamennais a donné de la *Divine Comédie* cette définition : « Un poème qui est la fois une tombe et un berceau : la tombe magnifique d'un monde qui s'en va, le berceau d'un monde près d'éclore ». Tout en admettant, avec Rossetti, que « les fidèles d'Amour » précurseurs de la Réforme, avaient concouru, à divers degrés, au développement de la vaste conspiration formée contre le Saint-Siège au Moyen-âge, il prétend toutefois que « la théologie chrétienne dut être nécessairement la théologie de Dante, né chrétien, et qui vécut chrétien sincère »... « Nous croyons avec Ozanam », ajoute-t-il, « que sa théologie, strictement orthodoxe, était la pure théologie alors enseignée dans les écoles, la théologie de saint Thomas d'Aquin et des autres docteurs » (3).

A son tour, l'abbé Planet prétend dans son *Étude religieuse et littéraire sur la Divine Comédie* que celle-ci a été considérée à tort comme une œuvre de combat contre la Papauté ; et que si la satire s'y révèle, ce n'est pas une raison pour douter de l'orthodoxie de l'auteur ; orthodoxie qui ne saurait être mise en doute, dit-il, malgré les suspicions qu'elle a encourues parfois de la part de certains commentateurs. Mais, avec beaucoup de bonne foi, l'abbé Planet convient que si l'hétérodoxie n'est pas réelle, elle

(1) Préface de la traduction du Banquet (*Convito*), 1852.
(2) *De l'Art en Italie* (1853).
(3) *Œuvres posthumes*, 1855-56.

est au moins apparente. « Le langage dans sa fougue, dit-il, ressemble étonnamment à celui de l'hérésie, et la liberté dans l'invective donne la sensation de la révolte ». Mais comme avec le ciel il y a toujours des accommodements, Dante reste à ses yeux, avant tout, chrétien et catholique orthodoxe.

Dans ses remarquables commentaires sur la *Divine Comédie* (1), A. de Margerie (1900) se rallie plutôt à la théorie de l'orthodoxie de Dante, car s'il reproche à celui-ci sa conduite envers les papes, s'il déclare qu'il n'est pas une autorité historique, surtout quand il s'agit de Boniface VIII (Commentaire du XXVIIe ch. de l'*Enfer*), il admet néanmoins qu'il est un fils légitime du catholicisme et que l'idée directrice de son poème est bien une pensée chrétienne et morale.

Enfin, dans l'un des derniers ouvrages relatifs à Dante, et dont une deuxième édition vient de paraître, Hauvette présente l'auteur de la *Divine Comédie* comme un orthodoxe rigide en matière de foi, bien que d'une grande largeur d'idée dans le domaine de la science, et il le qualifie de « croyant timoré » (2).

Parmi les esprits plus ou moins émancipés qui, étrangers à la passion cléricale ou anticléricale, sans être positivistes, ont apprécié Dante à un point de vue positif, nous nommerons Ginguené et Fauriel, inspirés tous deux de la philosophie du XVIIIe siècle, et qui ont eu l'honneur de contribuer puissamment à modifier le goût français à l'égard de l'œuvre dantesque. Jugeant sans parti pris et sans passion le florentin, soucieux tous deux des origines et de la vérité historique, ils nous ont laissé des documents et des analyses propres à éclairer les écrits de Dante et à les rendre accessibles à tout lecteur curieux.

Ginguené, dans son *Histoire littéraire* (1811-1819), l'ex-

(1) Dante : *La Divine Comédie*, 1900.
(2) Dante : Introduction à la *Divine Comédie*, 1911, 1re édition.

plique, le critique et le commente comme il ne l'avait jamais été auparavant, passant en revue tous ses écrits. S'il lui reproche d'être trop souvent théologien, même quand il est grand poète, il ajoute : « on ne peut se dispenser, après l'avoir examiné dans toutes ses parties, de le ranger parmi les plus étonnants producteurs de l'esprit humain. Il s'y représente lui-même avec toutes les faiblesses de l'Humanité, sujet à la crainte, à la pitié, flottant dans le doute, mais toujours avide de savoir » (1).

Quant à Fauriel, « l'ancien ami et l'admirateur de Cabanis », comme l'appelle Sainte-Beuve, « libre de préventions et particulièrement doué du génie des origines », il reconnaît l'Alighieri pour un croyant, pour un véritable chrétien, orthodoxe et sincère. Sa remarquable étude, à la fois historique, philologique et critique, était bien de nature à faire apprécier, plus justement qu'aucune de celles animées par la passion, l'œuvre et l'auteur de la *Divine Comédie.* « C'est non-seulement un génie complexe », dit-il, « mais le plus complexe, peut-être, de son époque. A l'imagination la plus vive, la plus enthousiaste, il joint la curiosité la plus ardente ; aux facultés poétiques les plus éminentes, les goûts scientifiques les plus prononcés ; au besoin de peindre tout ce qu'il a vu, tout ce qui l'a frappé, il joint celui de connaître tout ce qui s'est passé dans les temps et les espaces les plus lointains. Tout rempli des inspirations du Moyen-âge, il en cherche et il en trouve encore dans l'antiquité. En un mot, il y a dans le génie de Dante deux côtés distincts, entre lesquels se partagent à peu près également les nuances qui les séparent : il y a le côté de la science et celui de la poésie (2) ».

Quant aux positivistes, qu'ils envisagent cette œuvre à un point de vue moral, philosophique ou littéraire,

(1) Tome II, chap. X.
(2) Tome Ier : *La Divine Comédie,* fragments.

ils sont tous d'accord pour proclamer son auteur l'un des plus grands génies de l'Humanité.

A. Comte, dans sa réhabilitation du Moyen-âge, qui a éclairé d'une lumière inattendue l'époque en question, qualifiée si injustement de barbare et de ténébreuse, a facilité la compréhension de la *Divine Comédie* et l'a rendue tout à fait pénétrable en appliquant à l'histoire sa méthode relative. Il appréciait si hautement, moralement et socialement, le grand poète, qu'il l'a choisi, pour présider le mois consacré, dans son Calendrier, à l'Épopée moderne, qu'il a introduit son poème dans la Bibliothèque positiviste, et qu'il a fait de ce dernier, durant une partie de son existence, sa lecture de chevet. « Sous l'impulsion inaperçue qui résultait », dit-il, « de l'ensemble du Moyen-âge, l'essor esthétique du génie moderne produisit l'incomparable épopée où réside jusqu'ici le meilleur titre de l'art humain (1) »... « Une expérience décisive », poursuit-il, « me conduit à recommander surtout la lecture quotidienne de la sublime ébauche d'A'Kempis et de l'incomparable épopée de Dante. Plus de sept ans se sont écoulés depuis que je lis chaque matin un chapitre de l'un, et chaque soir un chant de l'autre, sans que je cesse d'y trouver des charmes auparavant inaperçus, et d'en retirer de nouveaux fruits intellectuels ou moraux... (2) ». Parlant dans son *Cours de Philosophie positive* de l'évolution esthétique spontanée du Moyen-âge, il s'exprime ainsi : « L'évidente spontanéité de ce premier élan est spécialement prononcé, quant à la plus éminente élaboration, qui ne fut pas même encouragée par les sympathies qu'elle devait le plus naturellement exciter. Du reste, l'unanime admiration, non seulement italienne, mais européenne, bientôt inspirée par cette immense création, vint hautement constater sa

(1) *Politique*, tome III, ch. VII, 1851-54.
(2) *Id.*, tome IV, ch. V.

parfaite harmonie avec l'état correspondant des populations civilisées, quoique cette tardive justice n'ait pu être personnellement appliquée qu'à d'heureux successeurs ; c'était Dante que l'instinct confus de la reconnaissance universelle couronnait réellement sous le célèbre laurier de Pétrarque, alors seulement connu par ses poésies latines justement oubliées aujourd'hui » (1).

Littré, qui, en vrai disciple de Comte, n'a pas méconnu le Moyen-âge, et qui fait remonter la gloire de notre poésie française aux poètes des XIIe et XIIIe siècles, tout en donnant le pas aux écrits des Troubadours sur ceux de Pétrarque et de Boccace, affirme, en ce qui concerne Dante, que rien n'est digne de lui être comparé. « Il est », dit-il, « le modèle suprême de la haute poésie au Moyen-âge » (2). « Ce poème, sombre, difficile, hérissé d'allusions aux choses et aux hommes du temps, tout empreint des passions politiques, tout enchevêtré de théologie, n'en captive pas moins d'âge en âge les esprits de ceux qui, l'ayant lu, le relisent et ne se lassent pas d'en contempler certaines beautés singulières. D'où lui vient donc ce charme qui jamais ne s'épuise? d'un style qui, dans ses excellences, n'est la prérogative que des plus grands maîtres. Mais quoi ! Dante n'a-t-il pas écrit en 1300? n'est-il pas du treizième ou du quatorzième siècle, comme on voudra? n'appartient-il pas au Moyen-âge et pouvait-il trouver dans ce Moyen-âge quelque grand style digne de rivaliser avec tout ce qu'on connaît de plus beau avant ou après? n'y a-t-il pas là une contradiction entre la splendeur de la diction et la barbarie attribuée généralement à cette époque? » (3).

Pierre Laffitte, en exposant magistralement la théorie générale de la poésie sociologique, dans sa remarquable étude sur le *Faust* de Gœthe, après avoir démontré que

(1) *Philosophie positive,* 56e leçon.
(2) *Histoire de la langue française,* Étude sur Dante, chap. IV.
(3) Chap. IV.

« l'art n'est pas individuel comme la pratique », et qu'il « n'est pas abstrait comme la science », distingue deux sortes d'œuvres esthétiques : celles qui sont empreintes d'un caractère utopique, c'est-à-dire tendant vers un état idéal, et celles qui sont plus directement esthétiques et qui se rattachent à cette série de constructions esthétiques sociologiques parmi lesquelles « le grand poème de Dante, dit-il, reste le type le plus incomparable jusqu'ici dans cette évolution spontanée... » (1). « Toute la constitution catholique », poursuit-il, « y est exposée, et aussi son histoire dans ses phases principales. La relation du catholicisme avec l'histoire temporelle s'y trouve caractérisée. Le tout est fondu dans une construction esthétique nullement abstraite, et au contraire, complètement concrète. Le tout rendu par une poésie merveilleuse, où l'image, avec une admirable précision, traduit l'esprit..... Naturellement, c'est la doctrine métaphysique qui domine l'esprit de Dante dans sa grande œuvre ; il ne pouvait en être autrement. Mais, par cette théorie, il rapproche un ensemble d'observations vraies et les aperçus les plus profonds et les plus positifs sur la nature humaine et sociale » (2).

Comparant Homère, Dante et Shakespeare, M. Harrison considère le poète florentin comme « le plus faible » des trois « en simplicité, en charme général, en variété dans la magie spontanée de l'expression et de l'impression produite », bien que leur égal « en force monumentale, en profonde connaissance du caractère et de la vie » ; mais il déclare qu'il tient le rang suprême parmi eux, « par l'élévation de son thème — qui est le résumé de l'Humanité et de la nature, le passé, le présent et l'avenir ; — par la profonde synthèse du savoir et la coordination idéale de la société humaine prise dans son ensemble ». « La Vision », dit-il, « est saturée de l'esprit de la pensée moderne, de la

(1 et 2) *Revue Occidentale,* 1er nov. 1891.

morale séculière et non cléricale, de l'énergie civique et de la prépondérance de la science. Il est vrai que Dante ne pouvait prévoir les résultats des temps postérieurs, et le moule de son imagination est catholique en religion et féodal dans l'association de ses conceptions..... Il n'était né ni saint ni mystique. Ce fut un homme du monde, un cerveau audacieux, d'une culture variée, doué d'un goût exquis pour toutes les formes du Beau » (1).

Nous pourrions citer quantité d'autres critiques, mais nous croyons avoir suffisamment fait ressortir, par ces quelques témoignages, la difficulté qu'on éprouve à porter un jugement équitable sur l'auteur, si diversement commenté, de la *Divine Comédie.* Surgissant, lui-même, parmi nous, à cette heure, il serait, sans doute, étrangement surpris de voir sa pensée si différemment, si curieusement et, peut-être, si faussement interprétée. En présence d'une telle variété d'opinions, c'est, comme nous l'avons indiqué précédemment, en nous aidant des données fournies par la psychologie et la sociologie positives, et, notamment, en nous replaçant dans le milieu social du XIIIe siècle, que nous essaierons d'apprécier, à notre tour, l'œuvre du grand poète.

N'oublions pas que le Catholicisme, au moment où surgit Dante, n'est plus la doctrine strictement théologique des temps passés. Il a été modifié, d'une part, grâce à la renaissance de la culture gréco-romaine qui avait suivi l'incorporation des barbares dans le moule catholico-féodal ; d'autre part, au contract du monde islamique, à l'époque des croisades : contact dont l'une des conséquences avait été, d'ailleurs, un apport nouveau de connaissances gréco-latines venant s'ajouter à celles que possédait déjà l'Occident. C'est une religion qui, non seulement, n'est plus immobile dans ses dogmes, mais qui est déjà menacée dans ses des-

(1) *Calendrier des Grands Hommes,* 1891.

tinées, car, bien que la culture de la théologie ait le pas sur toutes les autres connaissances, une sorte de réaction s'annonce qui va modifier ses doctrines.

Remarquons, tout d'abord, que, depuis le xe siècle, divers symptômes, précurseurs de ce mouvement de décomposition naissante, s'étaient révélés : nous avons constaté, dans le sacerdoce lui-même, un relâchement significatif des mœurs, et, au sein de la société, des tendances hérétiques qui n'avaient fait que s'accroître. Nul, mieux qu'A. Comte, n'a su mettre en lumière les causes profondes d'un tel état de choses. Il a démontré, dans la *Philosophie positive*, que la dissolution mentale du catholicisme était devenue inévitable, parce que, ne pouvant s'incorporer intimement le mouvement intellectuel, il devait être dépassé par lui. Or, « l'influence morale s'attachant nécessairement à la supériorité intellectuelle », l'intégrité de cette prépondérance morale ne pouvait se prolonger de beaucoup.

Ajoutons que, sous le rapport temporel, le régime catholico-féodal avait presque entièrement accompli son œuvre en présidant à l'organisation défensive des sociétés modernes contre de nouvelles invasions, et que, plus ce régime « remplissait son office propre, capital quoique passager, pour l'ensemble de l'évolution humaine, plus il rendait imminente sa désorganisation prochaine ». Il n'est pas douteux, par exemple, que la transformation de l'esclavage en servage ait aidé puissamment au mouvement progressiste, puisque cette dernière condition, seulement passagère, avait été un acheminement vers l'établissement des communes industrielles, établissement « qui n'avait lui-même d'autre destination sociale que de conduire graduellement les travailleurs immédiats à l'entière émancipation personnelle » (1). Rappelons, en passant, que ce mouvement

(1) *Philosophie positive,* 54e leçon.

communal, général pour tout l'Occident, avait été, comme nous l'avons déjà dit, particulièrement intense et précoce en Italie où la Féodalité n'avait pu jeter des racines aussi profondes en raison des survivances, plus prononcées là que partout ailleurs, des anciennes institutions romaines.

A ces causes primordiales de dissolution, nous ajouterons la création d'Universités nombreuses qui s'étaient organisées, sous le patronage du pouvoir temporel, à l'exemple de l'Université de Paris, tant en Angleterre, qu'en Italie, en Espagne et en Portugal, et qui avaient sollicité les esprits cultivés, — en raison de l'ensemble des sciences qu'elles étaient chargées d'enseigner, — à penser avec une certaine indépendance : leurs docteurs émettant la prétention de comprendre, d'analyser, d'expliquer, par déduction des connaissances positives acquises, ce que, jusque-là, on s'était borné à croire. Ensuite les grandes inventions déjà réalisées, et les importantes découvertes maritimes déjà accomplies, avaient singulièrement modifié les conditions sociales et matérielles de l'existence, et avaient changé, dans une certaine mesure, l'orientation de la mentalité occidentale.

Enfin, et ce fut là l'atteinte, la plus grande, portée au Catholicisme, l'Église elle-même, comme le reconnaît Ozanam, — répétant ce qu'A. Comte avait dit avant lui, — « avait cherché à concevoir », c'est-à-dire à expliquer rationnellement « les choses invisibles qu'elle proposait à croire : ce fut le commencement » de l'introduction « de la métaphysique » (1). Entraînée par le mouvement intellectuel et philosophique, l'Église avait donc elle-même inconsciemment forgé les armes avec lesquelles elle devait être attaquée.

A peine la philosophie scolastique était-elle devenue ainsi l'auxiliaire indisciplinée de la théologie, qu'elle avait

(1) OZANAM, 1re partie, chap. II.

suscité de nombreuses divergences d'interprétation parmi ceux qui se réclamaient d'elle : les uns, croyant à la réalité objective des idées générales, s'étaient groupés sous le nom de réalistes, les autres, repoussant cette objectivité, avaient pris le nom de nominaux. Réalistes et nominaux s'étaient subdivisés à leur tour. « Plusieurs », dit Ozanam, « rejetèrent le secours incertain de la logique, et pensèrent s'élever à la science par l'intuition, à l'intuition par l'ascétisme. Il y eut donc une philosophie mystique... Certaines doctrines appelèrent le soupçon»..., et... « du choc violent de la liberté scientifique et de l'autorité religieuse devait jaillir le doute » (1). Le XIIIe siècle vit la Scolastique atteindre toute la splendeur de son apogée, car elle était alors considérée comme la science universelle et les réalistes et les nominaux s'étaient réconciliés : dans l'arène de la philosophie il n'y avait plus deux écoles en lutte, mais seulement un parterre d'illustres docteurs. Néanmoins, ce succès croissant de la Scolastique n'avait été, au fond, qu'un des signes de la décadence imminente du catholicisme, s'il est vrai, comme l'a fait remarquer Comte, que la Scolastique ait été « le premier agent général de la désorganisation radicale de la puissance et de la philosophie théologiques » (2).

C'est alors que saint Bonaventure et saint Thomas d'Aquin apparurent comme les porte-paroles de la foi religieuse du XIIIe siècle.

Le premier, par son mysticisme, se rattachait à l'idéalisme de Platon : « il inclinait aux doctrines contemplatives et s'efforçait d'accorder avec elles l'exercice légitime de toutes les facultés humaines » (3) ; l'Amour pour principe était la base de sa philosophie.

Le second, par l'étendue de ses connaissances, par ses tendances positives et par son esprit analytique, rappelait

(1) OZANAM, 1re partie, chap. II.
(2) *Philosophie positive,* 55e leçon.
(3) OZANAM : 1re partie, ch. II.

Aristote. Selon Ozanam, « il fut appelé à établir l'équation des idées et des choses... ; il admit que les connaissances de l'homme se forment des images reçues par les sens, et des perceptions arbitraires qui s'en dégagent à la lumière de la raison » (1). Partisan de la logique du Stagyrite, c'est lui qu'il cite le plus souvent dans sa grande œuvre, lorsqu'il traite du gouvernement moral de l'homme. Aussi Sully-Prudhomme a-t-il pu écrire :

« Aristote, surpris, renaît chrétien dans Rome :
Sa logique offre au dogme un profane secours,
Saint Thomas accomplit sa gigantesque Somme,
Et l'Église après lui pense par lui toujours.
Fort d'un zèle que rien n'étonne et rien ne lasse,
Pour endormir le doute il rêve d'allier
La raison et la foi, la nature et la grâce,
Que nul génie, hélas ! ne peut concilier » (2).

Et, à l'appui de ce désir de conciliation, entre le dogme et la science, il essaya d'expliquer et de justifier ce que, jusque-là, la foi s'était contentée de croire aveuglément. « En appréciant, à un point de vue historique, l'œuvre de saint Thomas d'Aquin, » déclare Comte, «... on reconnaît aisément que le nouvel esprit métaphysique avait alors essentiellement envahi toute l'étude intellectuelle et morale de l'homme individuel, et commençait aussi à s'étendre directement aux spéculations sociales, de manière à témoigner déjà sa tendance inévitable à affranchir définitivement la raison humaine de la tutelle purement théologique » (3).

Au point de vue scientifique, la méthode d'Aristote, fondée sur l'observation et l'expérience, avait trouvé un écho parmi les grands esprits de l'époque. Albert le Grand avait proclamé la supériorité du Stagyrite comme guide en ce qui concerne les sciences, bien que, au point de vue métaphysique, il se fût efforcé de suppléer « aux lacunes de la divinité aristotélienne, qui n'était à peu près qu'un centre

(1) Ozanam : 1re partie, ch. II.
(2) *La Philosophie Moderne.*
(3) *Philosophie positive,* 55e leçon.

de mouvement, en la complétant par les attributs moraux empruntés à la théologie catholique... Il avait appliqué la méthode scientifique de son maître à de nouvelles recherches, et surtout à celles qui sont relatives à la composition des minéraux, comme devant relier la science des astres à celle des hommes » (1). Un siècle plus tard, Roger Bacon (1214-1292) avait affirmé que l'homme peut, par la science, se rendre maître de la nature ; il avait fait la critique du système de Ptolémée et soutenu que, dans sa lutte contre le polythéisme, l'Église avait confondu la science avec la magie, mais que l'essor de la philosophie grecque avait été aussi sûrement dans les vues de la Providence que la loi de Moïse ou l'Église chrétienne ; il avait considéré les écrits d'Aristote comme la base de notre savoir, dont les mathématiques sont le vestibule et la clé, en même temps qu'elles sont le fondement de l'astronomie (2) ; ennemi du dogmatisme et de la scolastique, et croyant au progrès du savoir humain, il avait essayé de résoudre certains problèmes par la méthode expérimentale, en l'opposant à la méthode métaphysique.

Mais cette philosophie, appuyée sur l'autorité d'Aristote, après être sortie de la théologie même, devait entrer fatalement en lutte avec elle dans son effort pour expliquer le monde et les hommes. Elle allait s'efforcer de démontrer « par la raison » le principe de toute chose. Aussi l'ascendant qu'Aristote était appelé à prendre devait-il avoir pour résultat d'écarter de la théologie un certain nombre de penseurs.

Le contact des croisés avec le monde arabe avait fait perdre aux Occidentaux l'absolutisme de leur morale ; un sentiment de relativité avait surgi de la lutte des deux races et des deux religions. Ils étaient arrivés à cette idée qu'on peut penser et croire différemment, et que sans être un

(1) *Calendrier des Grands Hommes :* J. H. Bridges.
(2) *Ibid.*

enfant du Christ on peut être brave et loyal. Désormais, la mentalité latine était modifiée, la liberté de penser commençait à poindre, et c'est Dante qui, dans son « incomparable épopée », devait nous tracer le tableau de cette révolution intellectuelle et permettre de dégager, de ce grand spectacle, la philosophie de l'Histoire.

L'une des raisons, entre toutes celles invoquées, qui rendent vraiment difficile la compréhension de l'œuvre de Dante, si extraordinairement complexe, est, en effet, la diversité des sources auxquelles l'auteur a puisé son inspiration, d'autant plus que, devançant son temps par l'activité de sa pensée, tout en restant le disciple de Jésus et celui d'Aristote et de Virgile, il a introduit, dans son poème, des aperçus nouveaux de nature à tromper sur le fond de ses croyances.

C'est encore enfant, comme nous l'avons dit antérieurement, que le jeune Alighieri reçut de Brunetto Latini l'enseignement des langues et apprit à connaître les auteurs latins : Virgile, Ovide, Lucain, Stace, Pline, etc. Ce fut ce même maître qui lui inculqua l'amour d'Aristote en lui faisant lire la traduction qu'il avait faite de sa *Morale*. Livré à lui-même, Dante, avide de savoir, acquit de nouvelles connaissances. Il nous informe, dans le *Convito*, que c'est Boèce et Tullius (Cicéron) qui, par la douceur de leur langage, l'acheminèrent « à l'amour, c'est-à-dire à l'étude de la très noble dame Philosophie » (1). Tout en acceptant un certain nombre de dogmes platoniciens, il resta toujours fidèle à l'enseignement d'Aristote et tâcha seulement de concilier l'idéalisme de Platon avec le rationalisme du Stagyrite. Aux yeux de Dante, dit Ozanam, « la société temporelle, pour se préparer de longs siècles de prospérité, aurait eu assez de se soumettre aux deux puissances philosophique et politique, Aristote et l'Empereur » (2). Les nom-

(1) Traité II, ch. XV. S. Rhéal.
(2) Ozanam : Partie III, ch. II.

breuses citations que l'auteur de la *Divine Comédie* emprunte au grand penseur grec, dans son poème, et principalement dans le *Convito,* soit qu'elles aient été tirées de la *Physique* ou de la *Métaphysique,* du *Traité de l'Ame,* de l'*Éthique* ou de la *Politique,* attestent la profondeur de l'empreinte qu'avaient dû laisser, sur le cerveau du poète, les œuvres du philosophe. D'ailleurs, pour démontrer combien ce maître était digne d'être pris pour guide, il écrivait : « Comme toutes les œuvres de l'homme supposent une fin suprême à laquelle la nature humaine est destinée, le maître qui s'occupe de constater, de nous faire connaître cette fin, peut, à bon droit, se faire croire et obéir. Or, ce maître est Aristote; donc il est digne foi et d'obéissance » (1). Puis, expliquant que le nom de Péripatéticiens avait succédé à celui d'Académiciens, il ajoute que ce nom « désigne toute l'école qui tient aujourd'hui dans ses mains le gouvernement intellectuel du monde, en sorte que ses opinions peuvent être appelées, en quelque façon, catholiques » (2), au sens étymologique du mot.

Nourri des Saintes Écritures, Dante ne s'intéressa pas moins aux docteurs du christianisme, depuis les Pères de la Thébaïde jusqu'à ceux de son époque.

Il fut initié au monde oriental par Denis l'Aréopagite ; aussi rencontrons-nous, dans son poème, des opinions semblables à celles des Hindous, telles que la figure extérieure de la terre, la place assignée au Paradis et à l'Enfer, les mêmes tortures affectées aux mêmes crimes. Comme les brahmaniques, Dante revêt d'un corps aérien les âmes détachées, par la mort, du corps qu'elles habitaient (3). Mais dans tous ces cas, il s'agit peut-être plus d'une manière analogue de raisonner que d'une influence directe de l'Orient sur Dante.

(1) *Convito.* Traité IV, ch. V, trad. S. Rhéal.
(2) *Id.* Traité IV, ch. VI.
(3) *Purg.*, ch. XXV. — OZANAM : Partie III, ch. I.

Si saint Augustin, saint Grégoire-le-Grand et saint Bernard méritent d'être comptés parmi les guides les plus vénérés de Dante, n'oublions pas qu'il fut surtout influencé par les deux principaux maîtres de son époque : saint Bonaventure et saint Thomas d'Aquin ; ces deux derniers glorifiés, dans son *Paradis*, par la place qu'ils occupent dans l'une des sphères les plus élevées, où ils dominent tous les autres docteurs de l'Église. Aux enseignements de saint Bonaventure, Dante se pénétra d'amour ; à ceux de saint Thomas, il s'enrichit de science. Trop attaché aux choses humaines pour se laisser entraîner par les élans mystiques du « docteur séraphique », il suivit saint Thomas comme il avait suivi Aristote. Il voyait, avec bonheur, l'autorité du « maître de ceux qui savent » consolidée, grâce à l'intervention du franciscain.

Dans le domaine de la science, Dante étudia les érudits des premiers siècles de notre ère, tout autant que ceux qui, plus tard, s'illustrèrent par leurs travaux : Isidore de Séville (579-636), dont les connaissances encyclopédiques embrassaient, outre la théologie, l'histoire, les lois, les langues, et la philosophie naturelle (1) ; l'anglo-saxon Bède (673-735), auquel ses talents et ses vertus avaient valu le surnom de Vénérable ; saint Anselme (1033-1109), qui fut appelé le premier des philosophes scolastiques et qui chercha à démontrer les mystères de la foi par des arguments rationnels (2) ; Pierre Lombard (1100-1160 ou 1164), dit le Maître des Sentences ; Hugues et Richard de Saint-Victor, etc., etc..... Bien qu'il n'eut pas connu son contemporain Roger Bacon, Dante était trop avide de savoir nouveau pour rester indifférent à la renaissance de la méthode expérimentale restaurée par le célèbre moine. Au cours de son voyage en France, il reçut, rue

(1) *Calendrier des Grands Hommes*. V. Lushington.
(2) *Ibid.*

du Fouarre, les leçons du professeur Siger, le docteur de l'Université de Paris, qu'il appelle l' « éternel flambeau », et dont l'influence dut contribuer, en une certaine mesure, à l'émancipation relative de son esprit.

Il n'est pas surprenant qu'à l'école de tels maîtres l'érudition de Dante se soit étendue à toutes les branches de la connaissance de son temps; aussi ne saurait-on être surpris de le voir s'inscrire parmi les médecins — quand il fut obligé, comme tous ses compatriotes, de choisir un art quelconque, — alors qu'il eût pu, aussi bien, se ranger dans n'importe quelle autre corporation, même celle des jurisconsultes (1). La *Divine Comédie* et le *Convito* démontrent, d'une façon frappante, la culture de leur auteur.

Si, comme nous l'avons dit déjà, sur la foi d'Ozanam, Dante resta étranger aux travaux de Roger Bacon, « les descriptions et les comparaisons astronomiques et météréologiques qu'il ramène souvent avec une sorte de faveur, les observations qu'il propose, la thèse qu'il soutint sur les deux éléments du feu et de l'eau, le montrent cependant initié aux sciences expérimentales » (2).

La mathématique semble avoir été la base de ses connaissances, car il se plaît, en philosophie comme en physique, à faire des comparaisons et des rapprochements géométriques (3), et la *Divine Comédie* elle-même, comme nous le verrons, est construite sur un plan mathématique. Il s'intéresse aux problèmes de la physique (4), et il semble avoir eu quelque pressentiment de la grande loi de la gravitation, lorsque, quittant les lieux infernaux, et changeant d'hémisphère, il place, dans la bouche de Virgile, cette remarque sur la pesanteur :

(1) Ozanam : Partie I, chap. IV.
(2) *Id.* : Partie III, ch. III.
(3) *Paradis,* ch. XIII, ch. XVII. *Convito,* traité IV, ch. VII-XIV-XX.
(4) *Purg.*, ch. V et XXV ; *Paradis,* ch. XVI.

« .... Tu traversas le point
Où de partout le poids attire la matière (1) ».

« Le besoin d'une construction symétrique lui fait supposer dans une autre hémisphère des terres inconnues où touchera Christophe Colomb. Ou bien encore ses conjectures le conduiront à soupçonner d'anciens bouleversements qui auraient changé la face du monde, des révolutions antédiluviennes de l'Océan, des foyers profonds qui échaufferaient le sol sous nos pas. Il ne va point toutefois jusqu'à l'hypothèse du feu central, car il donne au globe un noyau de glace » (2).

Notons néanmoins, que ses connaissances géographiques, malgré leur étendue, ne pouvaient être qu'imparfaites, comme celles de son temps, alors que Jérusalem était considérée comme le centre de l'hémisphère habité et que l'autre hémisphère était, croyait-on, recouvert par les mers. Confiant dans la grande autorité d'Aristote, il avait admis, comme le glorieux philosophe, « que notre terre est fixe et ne tourne pas, et qu'elle est, avec la mer, le centre du ciel. Le ciel tourne continuellement, » dit-il, « autour de ce centre, comme nous le voyons, mouvement circulaire dans lequel nécessairement doivent subsister deux pôles fermes, et un cercle également mobile et distant de ceux-ci » (3).

La description de son *Paradis* est un exposé astronomique d'après le système de Ptolémée (4). Il conteste cer-

(1) *Enfer*, ch. XXXIV, traduct. A. de Margerie.
(2) Ozanam : Partie III, ch. IV.
(3) *Convito*. Traité III, ch. V, trad. S. Rhéal.
(4) Dans les quatre étoiles splendides que Dante décrit au 1er chant du *Purgatoire*, certains commentateurs ont cru reconnaître la constellation appelée la Croix du Sud, qu'on n'aperçoit qu'après avoir fanchi l'équateur. « Ce passage », déclare Sébastien Rhéal, « est le premier monument où elles sont désignées pour la première fois ; il témoigne de la science du narrateur et de son attention à recueillir toutes les rumeurs qui circulaient de son temps sur les mondes lointains dont on commençait à soupçonner l'existence. »

taines interprétations relatives aux taches de la lune (1), et n'hésite pas à rapporter à cet astre la cause du flux et du reflux de la mer:

> « L'action de la lune incessamment élève
> Puis rabaisse les flots.....» (2).

Si Ptolémée fut son maître en astronomie, Gallien, au point de vue physiologique, donna pleine satisfaction à son besoin de savoir. Le xxve chant du *Purgatoire* offre une théorie, tout au moins curieuse, de la génération, dans laquelle certains admirateurs, emportés par leur enthousiasme, ont voulu voir un pressentiment de la circulation du sang. Dans le xxviiie chant il expose ainsi la dissémination du pollen : « les plantes ébranlées imprègnent l'air de leur vertu, et l'air, en tournoyant, la sème de tous côtés ; et le sol miraculeux, selon sa nature ou sa zône, conçoit et enfante divers arbres, doués de facultés diverses » (Trad. S. Rhéal). Dans le chant ii de l'*Enfer*, il montre « les petites fleurs, inclinées et closes par la gelée nocturne, relevant, en s'entr'ouvrant, leurs têtes languissantes, sitôt que le soleil les blanchit ».

Dante vient-il à traiter des sensations, c'est au Stagyrite qu'il emprunte encore sa science. S'agit-il de la vue, il explique que la forme des choses visibles pénètre jusqu'à l'intérieur de l'œil par le milieu diaphane, qu'elle s'arrête à la pupille, qu'il compare à un miroir, et c'est ainsi, explique-t-il, que « la forme, invisible dans un milieu transparent, devient visible du moment qu'elle est réfléchie. Parti de la pupille, l'esprit visuel qui aboutit au cerveau, où réside comme à sa source la vertu sensible, y reflète immédiatement la forme, et c'est ainsi que nous voyons (3) ».

(1) *Paradis*, ch. II.
(2) *Id.*, ch. XVI.
(3) *Convito*. Traité III, ch. IX, trad. S. Rhéal.

Dans l'ordre sociologique et politique, s'appuyant toujours sur les principes de son maître Aristote, Dante expose, dans le chant VIII du *Paradis,* que la nature de l'homme l'incite à vivre en société, et que la vie sociale implique, pour sa réalisation, la diversité et la spécialisation des fonctions. En cela, il a admirablement compris le philosophe grec et mérite d'être compté parmi les précurseurs de la sociologie positive. Appréciant, dans le *Convito,* les rapports des hommes entre eux, il expose que « le radical fondement de la majesté impériale, c'est la nécessité de la vie civile chez les hommes : la véritable fin pour laquelle celle-ci fut ordonnée, c'est le bonheur. Nul, en soi, n'est capable d'y arriver sans l'aide d'autrui, d'autant que l'homme a besoin de beaucoup de choses, auxquelles, par lui seul, il ne peut satisfaire : d'où le Philosophe appelle avec justesse l'homme un animal naturellement sociable. Et de même qu'un homme, pour se suffire, a besoin d'une société domestique, d'une famille ; de même une maison, pour sa suffisance, demande un voisinage : autrement elle aurait à supporter une foule de privations qui seraient autant d'obstacles à son bien-être. Mais un seul voisinage ne saurait satisfaire à tous ses besoins ; il faut donc que la cité complète cette satisfaction. D'autre part, la cité requiert, pour sa défense et sa prospérité, une réciprocité fraternelle avec les villes circonvoisines : telle est la raison d'être de l'État » (1).

Mais choqué par l'inutilité et l'illégitimité des inégalités dont il était le témoin, Dante n'a pas vu que cette division des fonctions, dont il avait proclamé l'utilité à la suite d'Aristote, entraîne fatalement des inégalités légitimes entre les individus appelés à les remplir. Blessé par l'arrogance de la noblesse qui incarnait les inégalités sociales devenues illégitimes, il s'élève, avec raison, contre l'hérédité des

(1) *Id.* Traité IV, ch. III.

honneurs. Il stigmatise comme « horrible, abominable, l'opinion populaire, qui, sans autre égard et sans examen d'aucune raison, accorde le titre de noble à quiconque est fils ou neveu de quelque homme puissant et vaillant, se trouvât-il lui-même un personnage de rien » ; il déclare « vil un homme méchant descendu d'un bon » (1).

Après avoir démontré qu'en remontant tous les siècles, il est impossible de saisir le point où la noblesse commence, il poursuit : « L'homme est toujours tel qu'à sa naissance, et il naît tel que son père, et la souche de la noblesse remonte au premier générateur, c'est-à-dire Adam, car de lui à nous ne se décèle aucune transformation. Si Adam fut noble, nous le sommes tous, s'il fut vilain nous le sommes tous, ou plutôt, suivant le texte, nous sommes tous nobles et vilains. Autrement, il faudrait supposer la race humaine descendue de deux principes différents, ou que l'homme n'a pas eu un seul commencement, mais plusieurs.... Aristote rirait, sans doute, s'il voyait faire deux espèces du genre humain, comme des chevaux et des ânes ; en effet (qu'Aristote me le pardonne), on peut traiter d'ânes ceux qui pensent ainsi » (2). « Nul donc », dit-il plus loin, « ne peut se prétendre noble, quelle que soit sa race héréditaire, si les fruits de la vraie noblesse morale ne subsistent en lui, et ceux qui possèdent cette grâce merveilleuse sont comme des dieux sans aucune tache de vice.... De même qu'il y a des hommes très vils et d'une nature bestiale, il y a des hommes très nobles et divins.... Ce n'est pas la souche qui anoblit les individus, mais les individus qui anoblissent la souche » (3).

Malheureusement, méconnaissant l'utilité sociale et morale de la propriété et de l'héritage, Dante s'élève également contre les richesses. « Leur imperfection », dit-il,

(1) Traité IV, chap. VII, trad. S. Rhéal.
(2) *Id.*, chap. XIII.
(3) *Id.*, chap. XVI.

« se manifeste triplement, savoir : dans leur origine aveugle, dans leur accroissement dangereux, dans leur damnable possession... (1) ». Et par le développement qu'il donne à chacune de ces trois propositions, il mérite, en une certaine mesure, les reproches que lui a adressés Aroux, et l'épithète de socialiste qu'il lui a donnée. Que Dante se soit élevé avec indignation contre la richesse mal acquise ou mal employée, on ne saurait qu'approuver sa critique, mais ce qu'il n'a pas compris, c'est que la propriété individuelle et familiale élève le sens moral de l'homme et, en même temps, est une condition de son activité sociale. C'est pour amasser, afin de transmettre à ses enfants, que l'homme travaille opiniâtrement, que la femme économise, et que tous deux contribuent, de cette manière, à la prospérité de la famille et de la société. Dante a donc méconnu le rôle civilisateur de l'institution de la propriété et de l'héritage.

Si, du fait de son origine Guelfe, il s'est trouvé en situation d'apprécier les dangers de la prédominance de la noblesse, les persécutions qu'il eut ensuite à subir, de la part de la démocratie, lui permirent de mesurer les inconvénients du régime démocratique. C'est pourquoi, nous le voyons, à l'occasion de son entretien avec Brunetto, stigmatiser, en ces termes, les passions niveleuses qui inspiraient la masse de la population florentine :

« Ce peuple ingrat...

Pour prix de tes vertus t'accordera sa haine,
C'est justice ; comment le fruit des doux figuiers
Mûrirait-il parmi les acides sorbiers ?

Selon un vieux proverbe, aveugle est cette race ;
Fière, avare, elle hait tout ce qui la surpasse.
Garde de te salir au contact de ses mœurs (2) ».

D'ailleurs, sa nature fière et orgueilleuse lui inspirait un mépris spontané pour les gens du peuple dont l'opinion

(1) *Convito*. Traité IV, ch. X.
(2) *Enfer*, ch. XV, traduct. A. de Margerie.

lui importait peu. « Maintes fois », dit-il, « ils crient : Vive leur mort ! et Meure leur vie ! pourvu que quelqu'un donne le signal, ce qui est un très dangereux inconvénient de leur cécité. De pareils gens doivent s'appeler moutons, et non pas hommes (1) ». Et comme preuve de leur infériorité, il fait cette remarque, dans le XVIIe chant du *Paradis,* que la clameur publique donne toujours tort au parti vaincu. Aussi fit-il tous ses efforts pour constituer un gouvernement, conciliant, à la fois, les avantages de l'aristoratie et ceux de la démocratie.

S'il fut préoccupé des facteurs temporels de l'organisation des sociétés, il ne le fut pas moins des facteurs spirituels, et, considérant le langage comme un agent d'union entre les citoyens, il comprit qu'il devait être commun à tous. Constatant qu'une partie de la population italienne ne comprenait plus le latin, il chercha à faire l'unité de la langue au sein de sa nation ; à cet effet, il écrivit en langue vulgaire le *Convito,* expliquant lui-même que « cet idiome dispensera efficacement son bienfait à beaucoup qui ont abandonné la littérature..., familiarisés avec cet idiome et non avec le latin (2) ». De plus, considérant l'insuffisance de l'enseignement populaire donné alors par l'Église, il semble avoir senti la nécessité d'un nouvel enseignement populaire supérieur ; car, dans ce même traité, s'adressant à la femme, aussi bien qu'à l'homme, il convie l'Humanité à venir « s'asseoir à la table où l'on se nourrit du pain des Anges ».

Bien avant Bossuet, l'auteur de la *Divine Comédie* a interprété l'histoire humaine comme la manifestation d'un plan tracé par Dieu même. Non content de considérer, d'une façon générale, le passé comme la préface du présent, ce qui est très évident au point de vue positif, il a voulu voir, dans l'établissement de l'empire romain, la réalisation des

(1) *Convito.* Traité I, ch. IX.
(2) *Id.* Traité I, ch. VIII.

projets divins, Rome n'ayant pas, comme il l'avait cru d'abord, établi son empire par la force, mais par « l'œuvre de la Providence » (1) : « la force n'ayant pas été, en cela, motrice, mais bien cause instrumentale (2) ». Et, après avoir énuméré, dans le traité *De Monarchia,* la glorieuse filiation romaine, qui prédestinait Rome à la Monarchie (dans le sens spécial qu'il attribue à ce mot), il ajoute dans le *Convito :* « Dieu a donc choisi principalement pour cet office le peuple saint dans les veines duquel s'était mêlé l'antique sang troyen » (3). Il n'hésite pas à invoquer les miracles, transmis par la légende, pour confirmer cette prédestination divine : le bouclier tombé du ciel sous Numa, les cris des oies du Capitole, le passage du Tibre par Clélia, etc... (4). Et, passant en revue les grands conquérants qui tentèrent en vain la conquête du monde (Ninus, Cyrus, Xerxès, Alexandre), il prétend montrer que le peuple romain a triomphé « par le jugement divin » qui l'avait destiné à cette grandeur (5). Le paganisme aurait, en quelque sorte, dans les desseins de Dieu, préparé les voies du christianisme. Il va même jusqu'à supposer que c'est Jehovah qui a suggéré à César (Auguste) l'édit du dénombrement qui devait permettre de compter Jésus au nombre des citoyens romains. « La grâce divine, sans doute », dit-il, « il est plus saint de le penser, inspira cet édit à César pour enregistrer, dans la société des mortels, le Messie attendu depuis si longtemps (6) ».

Par la bouche de son aïeul il émet l'opinion, reproduite plus tard par Vico, que les cités, comme les hommes, ont nécessairement un commencement et une fin :

(1) *De Monarchia,* l. II, ch. I, trad. S. Rhéal.
(2) *Convito.* Traité IV, ch. III.
(3) *Id.* Traité IV, ch. III.
(4) *De Monarchia,* l. II, ch. II.
(5) *Id.,* l. II, ch. V.
(6) *Id.,* l. II, ch. VII.

«... Quand tu vois déchoir les familles un jour,
Ne t'en étonne pas, regarde d'un œil ferme,
Puisque les cités même ici-bas ont un terme.

Oui, toute chose humaine a, comme vous, sa mort ;
S'il semble que quelqu'une échappe au commun sort,
C'est que sa vie est longue et que la vôtre est brève » (1).

Il appert cependant, d'après l'ensemble de son œuvre, que Dante a eu cette supériorité, sur Vico, de considérer chaque foyer de civilisation renaissante comme réalisant un progrès sur l'état précédent, au lieu d'envisager le mouvement de décomposition et de recomposition d'une façon circulaire. La filiation qu'il signale entre le catholicisme et le judaïsme, et entre le judaïsme et le paganisme, en serait une preuve, car, comme le remarque Ozanam, « toute doctrine recueille inévitablement les travaux des âges antérieurs, qui lui servent de prémisses ; elle en doit tirer des conséquences qui seront prémisses à leur tour pour les temps futurs ; et c'est là ce qui lui donne rang d'effet et de cause, ce qui fait son importance historique » (2). A cet égard, on serait en droit de considérer Dante comme un précurseur de l'évolutionnisme. Toutefois, cette conception d'une progression sociale se trouve gâtée par l'idée qu'il exprime en considérant l'époque où vivait Adam dans l'Eden comme l'âge d'or (3), et par les sentiments de son étroit patriotisme qui lui ont fait exagérer le souci de la pureté de sa race. C'est ainsi que nous lui voyons accorder une importance trop grande aux faits de corruption des mœurs qui résultent des progrès de la civilisation, et c'est ainsi encore, qu'au cours de ses invectives contre Florence, nous l'entendons déplorer l'envahissement de l' « illustre fille de Rome » par « les nouveaux venus », vilains ou seigneurs, guelfes ou gibelins, qui avaient corrompu la pureté du sang primitif ; il s'élève contre cette

(1) *Paradis*, ch. XVI. Traduct. A. de Margerie.
(2) OZANAM : Partie III, ch. I.
(3) *Purg.*, chap. XXVIII.

population mélangée où se sont perdues les traditions héréditaires :

> « Des hommes et des rangs le mélange fatal,
> Dans toutes les cités est la source du mal » (1),

méconnaissant ainsi l'une des lois du progrès et l'une des causes de supériorité du peuple romain qui trouva un avantage si grand dans l'incorporation et dans l'assimilation des vaincus. Loin d'être une cause de dégénérescence et « la source du mal », selon l'expression de Dante, les mélanges entre populations différentes, pourvu qu'ils ne soient pas excessifs, élèvent au contraire une nation, comme l'a démontré Pierre Laffitte, et ainsi que l'ont prouvé, du reste, la conquête romaine et la formation de l'hégémonie prussienne.

Cherchant toujours ce qui pourrait contribuer au bonheur de ses semblables, Dante, partant de cette idée que « le genre humain a été ordonné pour une seule chose » (2), rêva d'une monarchie universelle. Considérant que l'union est maintenue dans la famille, par la présence d'un seul gouvernant : le père ; dans la cité, par celle d'un seul magistrat — sans lequel la cité cesserait d'être — ; dans chaque royaume par celle d'un seul roi qui fait l'union entre tous (3), il aboutit à cette conclusion qu'il faut un chef suprême, dominant toutes les nations, pour maintenir entre elles la paix universelle. Et ce qui est tout à fait extraordinaire pour son époque, il considère cette paix comme le terme de l'évolution, « la perfection, la dernière fin, vers laquelle le genre humain se dirige en poursuivant son but » ; « c'est le principe fondamental », dit-il, « le signe fixé d'avance pour la solution de nos problèmes et la manifestation de la vérité » (4). Sans doute, fut-il influencé

(1) *Paradis,* ch. XXVI, traduct. A. de Margerie.
(2) *De Monarchia*, l. I, ch. II.
(3) *Idem.*
(4) *De Monarchia*. l. I, ch. I.

dans cette vue par le vers célèbre de Virgile, assignant au peuple romain la fonction d'imposer au monde « les lois de la paix » (1).

Il fut donc persuadé qu'il fallait poursuivre l'œuvre romaine, c'est-à-dire l'unité du genre humain. Comme Rome, en dépit de sa supériorité, n'avait pu la réaliser, il la conçut sous une forme nouvelle et pensa, qu'impossible par la suprématie d'un seul peuple, elle pourrait s'obtenir par la réunion de tous, sous la présidence d'un magistrat suprême, l'Empereur. Et jugeant utile de laisser à chaque peuple son autonomie, il aurait voulu que cette monarchie, loin d'être arbitraire, conservât à chacun le gouvernement qui lui était propre et que réclamaient l'usage, le climat et les mœurs. Il convient d'administrer autrement, dit-il, « les Scythes qui vivent hors du septième climat, souffrent une grande inégalité de jours et de nuits, tourmentés par la rigueur intolérable du froid, et autrement les Garamantes qui habitent sous l'équateur, avec une succession égale de jours et de nuits et une chaleur dont l'excès leur interdit les vêtements. L'unité directrice est seulement et hautement nécessaire dans les choses communes à tous, comme la paix » (2). L'esprit relatif domine dans ce passage, et il semble que Dante soit un précurseur de Montesquieu en invoquant, comme il le fait, l'influence des climats.

S'il appartient au monarque de s'occuper des destinées terrestres, il appartient à l'Église de s'occuper des destinées religieuses. Dante nous expose donc que, pour arriver à la félicité de la vie présente et à la félicité de la vie éternelle, il est diverses voies, mais il ajoute : « Néanmoins, la passion humaine renverserait ces moyens et ces conclusions, si les hommes, vagabonds comme des chevaux par leur bestialité, n'étaient retenus dans leur route par la muselière

(1) *Enéide*, l. VI.
(2) *De Monarchia*, l. I, ch. V, trad. S. Rhéal.

et la bride. Il fallut donc leur imposer un double directif, selon leur double fin, savoir : le Souverain Pontife, pour conduire le genre humain à la vie éternelle suivant la révélation, et l'Empereur, pour le diriger vers le félicité temporelle, selon les enseignements philosophiques (1) ». Nous ne saurions omettre les lignes suivantes, extraites du dernier livre du *De Monarchia*, — que Rossetti a sciemment passées sous silence, — et qui établissent nettement la suprématie spirituelle, envisagée théoriquement par Dante : « Le Prince romain est soumis au Pontife romain, puisque la félicité mortelle est subordonnée à la félicité immortelle. Que César témoigne donc à Pierre la révérence due par le fils aîné à son père (2) ». Là, le poète n'est que l'écho du pape Gélase Ier qui, dès le ve siècle, écrivait dans son Traité de l'Excommunication : « Dieu a voulu séparer les fonctions des deux pouvoirs, de telle façon que les rois chrétiens eussent besoin des pontifes pour la vie éternelle, et que les pontifes fussent soumis aux rois pour les choses temporelles. Ainsi, chacun des deux ordres est appliqué aux choses qui lui conviennent ». Mais il se garde bien de prétendre, comme les rédacteurs du « Miroir de Souabe » (3), que « lorsque le pape monte sur sa blanche haquenée, il faut que l'empereur lui tienne l'étrier ». A cet égard, on peut voir en Dante un précurseur de Comte, ayant tenté de définir le champ d'action respectif de la puissance temporelle et de la puissance spirituelle : l'une dans le domaine de l'action et de la pratique, l'autre dans le domaine de la théorie et de l'éducation. Mais cette tentative de conciliation était trop en opposition avec les ambitions des deux partis en lutte pour être admise ; aussi l'ouvrage *De Monarchia* fut-il mis à l'index comme favorisant trop les prétentions

(1) L. III, ch. VI.
(2) L. III, ch. VI.
(3) *Schwaben-spiegel* : code de la Souabe au XIIIe siècle (1275).

du pouvoir temporel (1). Toutefois, et bien que son rêve de monarchie universelle fût irréalisable, il n'en est pas moins vrai que Dante a eu là une conception de l'Humanité, très supérieure à tout ce qui avait été conçu jusqu'alors, au point de vue sociologique, et se rapprochant beaucoup de celle exposée par A. Comte.

Si, comme nous avons eu occasion de le dire, l'auteur de la *Divine Comédie* reconnaît, non sans raison, les dangers de la subordination trop étroite du pouvoir temporel au pouvoir spirituel, il a, par contre, méconnu la nécessité où s'était trouvée la papauté, dans le passé, de posséder une principauté temporelle, ce qui lui a fait dire au cours de son invective contre le pape Nicolas III, à propos de la prétendue donation de Constantin :

« Ah ! Constantin, combien ta faute fut profonde,
Non de te convertir, mais des biens de ce monde
D'enrichir par tes dons, le pontife romain ! (2) »

A l'encontre de Dante, Joseph de Maistre, et avant lui Voltaire, dans son *Essai sur l'Histoire générale,* ont admirablement démontré que sans la constitution d'une principauté temporelle, qui le rendait indépendant devant les puissances féodales voisines, le pape serait devenu, en quelque sorte, le chapelain des princes chrétiens et aurait été mis dans l'impossibilité de lancer contre eux l'excommunication pour réprimer leurs manquements aux lois de la morale.

Le danger de la confusion des deux pouvoirs a toujours hanté tellement le cerveau de Dante, — confusion qui, à son avis, a fait tout le mal de l'Italie, — qu'il lui a suggéré

(1) Ce hardi manifeste ayant été invoqué par Louis de Bavière dans sa querelle avec Jean XXII, qui ne le reconnaissait pas pour légitime, le cardinal del Pagetta lança l'anathème contre le livre et l'auteur dont il voulut faire exhumer les ossements dans Ravenne pour les livrer au feu. (Sébastien Rhéal.)

(2) *Enfer,* ch. XIX, traduct. A. de Margerie.

quelques-unes de ses plus belles strophes d'où s'exhale toute la conviction de ses sentiments :

« Rome, à qui l'univers avait dû sa culture,
Eut jadis deux soleils éclairant de leur feu
Et la route du monde et la route de Dieu.

Par l'un l'autre est éteint ; la même main manie
Crosse et glaive ; mais quand l'une à l'autre est unie,
Tout se trouble et le mal ne peut être évité ;

Car dès lors l'un n'est plus par l'autre redouté.
En doutes-tu ? regarde aux épis, et puis pense
Que toujours on connaît la plante à la semence.

. . . .

Donc l'Église de Rome, il faut en convenir,
Par l'effet des pouvoirs qu'elle a su réunir,
Roule avec son fardeau dans une impure fange (1) ».

Certains critiques français ont reproché à Dante la haine qu'il témoigne, en maints endroits de son poème, à l'égard de la France ; mais, on ne saurait voir dans ces sentiments hostiles que l'expression de son patriotisme, car il pouvait à juste titre considérer le roi de France comme un prince disposé à exploiter l'Italie plutôt qu'à la protéger, et il avait des raisons de redouter cette domination étrangère qui aurait pu amener le ruine de la péninsule.

Par la filiation qu'elle établit entre les évènements et entre les générations, entre les connaissances des temps antiques et celles des temps modernes, la *Divine Comédie* peut être considérée comme un exposé de l'histoire universelle du monde, Dante ayant rattaché l'histoire de son siècle à celle des siècles passés. Il a eu le mérite de chercher à relier le christianisme, non seulement à la théocratie judaïque, mais encore à l'antiquité païenne : d'une part, en se déclarant le disciple d'Aristote et de Virgile, d'autre part en ménageant, dans les Limbes, aux grands hommes de la civilisation gréco-romaine, un séjour spécial, plus sembable aux

(1) *Purg.*, ch. XVI, traduct. A. de Margerie.

Champs-Élysées païens qu'au morne asile que leur réservait officiellement l'Église.

Si nous abordons maintenant la partie psychologique et morale de l'œuvre de Dante, nous constaterons, en ce qui concerne la constitution et les facultés de l'être humain, que son opinion demeure toujours conforme à celle de son maître Aristote. Selon la doctrine de ce dernier, « l'homme est composé d'un corps et d'une âme, le corps qui est la matière, l'âme, la substance, en tant que forme, c'est-à-dire l'acte primitif d'un corps naturel ayant la vie en puissance, et qui, étant inséparable du corps, ne peut vivre sans lui » (1); mais comme ces déductions menaçaient le dogme de l'immortalité de l'âme, Dante les modifia en considérant l'âme « comme l'acte constitutif, la manière d'être essentielle de la nature humaine », en la concevant « séparable » et en la faisant survivre « séparée » (2). Sous ce rapport, il cherchait à concilier la doctrine parépatéticienne avec le Catholicisme. Toujours à l'exemple de son maître, il définit la vie « l'essence des êtres vivants » et reconnaît à l'âme trois facultés (végétative, sensitive, rationnelle ou intellective), qu'il superpose comme l'enseigne le philosophe au second livre de l'*Ame*, et dont il explique la superposition à l'aide de la géométrie : « Ces facultés de l'âme s'élèvent respectivement l'une au dessus de l'autre », dit-il, « comme la figure du quadrilatère au-dessus du triangle, et le pentagone au-dessus du quadrilatère. De même, la faculté sensitive s'élève au-dessus de la végétative, et l'intellective au-dessus de la sensitive. Et, comme en supprimant un côté du pentagone, on en fait un quadrilatère, de même, en supprimant l'ultime faculté de l'âme, c'est-à-dire la raison, il ne reste plus rien de l'homme ; ce n'est plus qu'une chose à âme

(1) ARISTOTE : *Anima*, l. II, ch. I. Trad. Rodier.
(2) OZANAM : Partie III, ch. II.

sensitive, en d'autres termes, un animal brute (1) ». Car, explique-il plus haut, « vivre pour les animaux bruts c'est sentir, et pour l'homme c'est user de sa raison ».

S'agit-il des impressions communiquées au cerveau, il expliquera, en ces termes, l'unitë de l'âme :

« Quand parfois les douleurs ou bien les jouissances
S'emparent à ce point d'une de nos puissances
Que de l'âme elle absorbe en soi l'activité,

Nous cessons de sentir toute autre faculté ;
Et cela contredit la thèse qui proclame
Qu'une âme en nous s'allume au-dessus d'une autre âme » (2).

Comme le fait remarquer Ozanam, s'il caractérise l'appréhension, l'imagination, la mémoire, s'il distingue l'intellect passif de l'intellect actif, c'est encore sous l'inspiration d'Aristote qu'il s'exprime (3).

Dante est un observateur remarquable en ce qui concerne les phénomènes moraux (aussi bien que les phénomènes physiques), et il semble avoir entrevu, bien avant cet autre grand florentin, Léonard de Vinci, la loi de l'attraction des semblables (qui, d'après C. Hillemand (4), présiderait, chez les animaux dioiques, à la formation des Variétés, des Races, des Espèces), lorsqu'il écrit : « Nul procédé plus licite et plus courtois pour se faire honneur à soi-même, que d'honorer son ami ; l'amitié ne pouvant exister entre natures dissemblables, où l'on voit amitié, on devine similitude, et où l'on devine similitude, louange et blâme tout devient commun. D'où un sage principe commande qu'aucun homme vicieux ne se montre votre ami, afin d'éviter la mauvaise opinion suscitée par un tel rapport » (5). Nous avons indiqué au

(1) *Convito*. Traité IV, ch. VII.
(2) *Purg.*, chap. IV, traduct. A. de Margerie.
(3) *Id.*, chap. IV, XVII, XVIII, XXV.
(4) *La Cloche*, des 24, 25 et 26 juillet 1898.
(5) *Convito*. Traité III, chap. I.

début de cette étude la réponse que fit Dante à Cane Grande, et qu'on peut traduire par ce proverbe : « Qui s'assemble se ressemble ».

Dans l'analyse minutieuse qu'il fait de ses sentiments au cours de la *Vita Nuova,* Dante a souligné très judicieusement l'essor qu'imprime à la partie altruiste de notre être le sentiment de l'Amour : « Quand je voyais Béatrice », confesse-t-il, « je n'avais plus d'ennemis, je sentais au contraire une ardeur charitable qui me portait à pardonner à tous ceux dont j'avais reçu des offenses ». Il semble admettre que l'Amour est, originellement, le point de départ de tous nos actes, bons ou mauvais (1). Mais il a l'illusion de croire à la prépondérance spontanée de la bonté chez l'homme, et d'attribuer l'introduction du mal moral, dans le monde, à l'action exclusive des mauvaises lois et des mauvais gouvernements. Il fait dire au Lombard, Marco, dans le XVIe chant du Purgatoire :

« Tu le vois donc ; le monde est devenu méchant
Pour être mal conduit, et non par un penchant
Qui, du ciel descendu, gâte en nous la nature. »

En cela il nous apparaît comme un précurseur de J.-J. Rousseau.

Lors de son entretien avec le poète Stace (*Purg.*, ch. XXII), nous constatons à nouveau que Dante reste toujours le fidèle disciple d'Aristote, en illustrant, par la communauté des peines qu'il inflige aux avares et aux prodigues, cette remarque du Stagyrite que « la vertu est un juste milieu entre deux excès opposés ». Il développe d'ailleurs ce principe dans le *Convito* (2), où, après avoir énuméré les vertus, suivant la classification d'Aristote, il conclut que « chacune de ces vertus a deux ennemis collatéraux, c'est-à-dire deux vices, l'un en excès, l'autre en insuffisance. Elles sont toutes

(1) *Purg.*, chap. XVII.
(2) Traité IV, chap. XX.

au milieu de ceux-ci », spécifie-t-il, « et naissent toutes d'un seul principe, c'est-à-dire de l'acte d'un bon choix, ou, plus clairement, elles consistent pour nous, en général, à choisir toujours le juste milieu ».

Dans une lettre que Dante écrivit à Cane Grande, il nous apprend lui-même comment il envisage les spéculations intellectuelles et morales : « Le genre de philosophie auquel il s'est attaché, dit-il, est la philosophie morale ou l'éthique, car le but qu'il s'est proposé est la pratique et non point la spéculation oisive ; et si, dans quelques passages, il semble spéculer, c'est dans un but d'application, selon ce que dit le Philosophe (Aristote) au IIe livre de la *Métaphysique :* les praticiens se livrent quelquefois à la spéculation, mais d'une façon passagère et dans un intérêt d'application prochaine ».

Ce point de vue utilitaire vers lequel il était naturellement porté, indique nettement qu'il a eu le sentiment de la destination sociale de l'activité intellectuelle, ainsi que de tous les autres modes d'activité. Il glorifie les conquêtes de l'esprit humain en glorifiant Ulysse, le héros grec, qui, pour aiguillonner ses compagnons et les exhorter à braver les dangers, leur dit :

> « Vivre en brutes n'est pas votre fin en ce monde
> Mais la haute vertu, la science féconde » (1).

Dante a le sentiment que l'homme ne doit pas vivre en parasite, et qu'il est le débiteur de la société : « Après avoir profité des enseignements publics, on doit contribuer à la chose publique. Celui qui agit autrement n'accomplit pas son devoir... Tous les hommes, à qui une nature inspire l'amour de la vérité, ont puisé leur savoir dans les travaux des anciens. Ils travaillent de même pour leurs descendants et la postérité recueillera leurs acquisitions » (2).

(1) *Enfer,* chap. XXVI, traduct. A. de Margerie.
(2) *De Monarchia,* l. I., ch. I, trad. S. Rhéal.

L'amour constant, que Dante témoigna pour l'Humanité, l'a porté, au milieu de ses préoccupations sentimentales et politiques, à tirer un enseignement, à la fois social et moral, des événements et des choses ; de sorte que, dans cet ordre d'idées, on peut dire que la *Divine Comédie* est un traité d'Éthique dans lequel l'auteur s'est érigé en véritable juge. Et il convient de reconnaître que si, emporté par la passion, il s'est quelquefois montré sévère et partial, il s'est, du moins, toujours efforcé d'être juste ; il châtie le coupable, ami ou protecteur, sans se laisser dominer par le sentiment.

Vivant à une époque où le monde catholique avait été modifié, à son insu, par le monde islamique, il eut une tendance à juger les événements et les hommes au nom d'une morale relative, et non plus strictement en esclave de la doctrine dont il relevait. Aussi, son essai de réhabilitation du passé, caractérisé par la place qu'il donne aux grands héros et aux grands philosophes de l'antiquité, marque-t-il une réaction nette et significative contre l'exclusivisme de la morale du christianisme primitif. Ce n'est d'ailleurs pas le seul cas où Dante ait réagi contre l'esprit sectaire de cette doctrine, car s'il n'a vu dans Mahomet — dominé peut-être en cela par son esprit éminemment social, avide d'ordre général, — qu'un chef semant la discorde, au lieu de le considérer comme le fondateur d'une religion nouvelle (1), ayant fait passer de nombreuses populations de l'état fétichique à l'état monothéique, il est à remarquer qu'il a mis, dans le même séjour que les penseurs et les philosophes de la Grèce, un musulman, le chevaleresque Saladin, qui avait su, par sa générosité et sa grandeur d'âme, s'attirer l'estime de tous les croisés. Il a même été jusqu'à prétendre, par la voix de l'aigle impérial, au chant XIX du *Paradis,* « qu'au Jugement, plu-

(2) Littré.

sieurs qui ont crié : Christ ! Christ ! seront beaucoup moins près de Dieu que tels qui ne l'ont pas connu, et que, par exemple, bien des rois chrétiens auront à rougir devant les Perses, quand sera ouvert le livre où sont consignées leurs actions ». (A. de Margerie.) Or, cet esprit nouveau qui se manifeste dans le poème, peut être regardé comme un résultat des croisades, de telle sorte, qu'à propos de la *Divine Comédie,* aussi bien qu'à propos de diverses autres manifestations de la pensée humaine, on peut dire que, de ces guerres, entreprises par le fanatisme religieux, est née la tolérance moderne.

Dante avait une telle conception du devoir, à la fois filial et social, qu'il a compris que non seulement chaque génération doit conserver ce que lui ont légué les précédentes, mais encore qu'elle doit le transmettre à la suivante, augmenté du résultat de ses efforts :

> « ...le temps t'use vite, ô manteau des aïeux,
> Rognant tes bords avec des ciseaux envieux,
> Si chaque fils n'y coud une pièce nouvelle » (1).

Glorifiant toujours l'activité et le courage moral, comme nous l'avons constaté plusieurs fois, Dante s'indigne contre ceux qui n'ont pas su agir et qui n'ont pas osé prendre parti dans les différends, quels qu'ils fussent, contre ces « tièdes » qu'il appelle « les neutres », qui se consument, sans espérance, dans le vestibule de l'*Enfer* ; c'est là qu'il a placé le pape Célestin V pour son « grand refus » (2).

Mais où Dante exprime toute l'intensité de son sentiment social, c'est par la rigueur des châtiments qu'il inflige à ceux qui ont trafiqué de l'intérêt public ; aussi plonge-t-il dans un lac de poix bouillante la plupart des habitants de Lucques comme ayant été corrompus par ce vice (3).

(1) *Paradis,* ch. XVI, traduct. A. de Margerie.
(2) *Enfer*, ch. III.
(3) *Id.*, ch. XXI.

Il n'admet pas davantage qu'on puisse sacrifier l'intérêt public à celui de la famille, et il n'a pas hésité à mettre le pape Nicolas III en Enfer, dans le cercle des simoniaques (1), pour avoir trafiqué des intérêts dont il avait la garde, au profit de ceux de ses proches (2). Il est donc parfaitement exact, comme l'a compris Symonds, que notre poète estime le degré du mal, non pas tant par rapport à l'individu, que par rapport à la collectivité. A ce point de vue, encore, Dante nous apparaît comme un précurseur du Positivisme.

Rivarol, Littré, Lamennais, Pierre Laffitte, Villemain, Hauvette, etc., ont prétendu que Dante, en plaçant Brutus et Cassius dans le dernier cercle de l'Enfer, a voulu punir, d'une façon exemplaire, les meurtriers du fondateur de l'Empire, et Littré, pour justifier la présence de Judas avec ces deux misérables, a soutenu que Dante avait donné lui-même, dans le traité *De Monarchia,* l'explication de cette punition commune, en exaltant simultanément le caractère sacré des deux représentants du pouvoir spirituel et du pouvoir temporel. Quelle qu'ait été la pensée de Dante à cet égard, il nous paraît difficile d'admettre, avec Pierre Laffitte, que le poète ait jamais eu l'intention de chanter la gloire du grand romain (3), et nous pensons que, dans ce cas, il a voulu plutôt punir le meurtre du représentant du pouvoir impérial, que le meurtre de César lui-même ; car, s'il en avait été ainsi, il n'aurait pas couvert d'éloges Caton, son irréductible ennemi, et il n'aurait pas placé Curion, son conseiller, parmi les « auteurs de déchirements » (4). Sans doute, par la voix de Justinien, il

(1) *Enfer,* ch. XIX.

(2) « Le pape Nicolas III aimait fort ses parents, et on disait qu'ayant mené une vie exemplaire pendant sa jeunesse et même étant cardinal, il s'était engagé, à leur persuasion, à de grandes entreprises pour les agrandir, jusques à employer la simonie, en sorte que, pendant le temps qu'il vécut, il les rendit les plus riches de tous les Romains, en châteaux et en argent comptant ». Fleury, in *Histoire ecclésiastique,* LXXXVIIe livre.

(3) *Grands types,* XVIIe leçon.

(4) *Enfer,* ch. XXVIII.

énumère, à la suite des conquêtes de ses prédécesseurs, les nombreuses campagnes que le vainqueur de Pharsale mena pour la grandeur de Rome, mais il semble vouloir plutôt glorifier l'aigle romaine que l'homme d'état (1). Si par la place que Dante a réservé à Brutus et à Cassius il avait voulu glorifier le grand héros, il se serait gardé, semble-t-il, de rappeler que les Romains, pressés autour de son char, le jour de son triomphe, lui jetèrent l'épithète de *reine* (2). Pourquoi, lorsqu'il énumère les hommes qui, selon son expression, furent « les instruments avec lesquels la céleste Providence a procédé dans l'empire romain », pourquoi, à côté de Fabricius, Brutus, Cincinnatus, Camille, ne voyons-nous pas figurer le nom de César, au lieu de celui de Caton, et relevons-nous l'épithète de *tyran* à l'adresse du fondateur de l'empire ? « Pour allumer dans le monde l'amour de la liberté », écrit Dante, « dont il (Caton) était le sévère tuteur, il préféra mourir libre que vivre sans elle ou voir le *tyran* » (3). Nous serions plutôt en droit de reprocher à l'auteur de la *Divine Comédie* d'avoir méconnu ou fait semblant de méconnaître le rôle que César joua dans l'histoire de la civilisation, en incorporant la Gaule à l'empire romain, en pratiquant à l'égard des populations vaincues la politique d'assimilation, en substituant au régime oligarchique un gouvernement fondé sur la solidarité, et en préparant ainsi l'avènement de la République occidentale. Pour toutes ces raisons, ne paraît-il pas plus vraisemblable d'admettre que Dante, inspiré par la morale féodale, pour laquelle la félonie était le plus hideux des forfaits, s'est surtout préoccupé de punir le crime de trahison, dont s'étaient rendus coupables trois indignes personnages à l'égard de leur bienfaiteurs ? Il est à noter que dans ce neuvième cercle de

(1) *Paradis,* ch. VI.
(2) *Purgatoire,* ch. XXVI.
(3) *De Monarchia,* l. II, chap. III. *Convito* IV, traité, chap. V.

d'Enfer, réservé spécialement aux traîtres, Dante a établi une sorte de hiérarchie parmi ces coupables : 1° ceux qui furent traîtres envers leurs proches ; 2° ceux qui le furent envers leur patrie ; 3° ceux qui le furent envers leurs amis ; 4° ceux qui le furent envers leurs bienfaiteurs. La remarque suivante de Comte pourrait justifier, en quelque sorte, notre manière de voir : « Malgré la tendance de Dante, a-t-il dit, à sentir seulement la constitution intellectuelle du Moyen-âge, il en retrace involontairement le caractère social en subissant admirablement son influence morale, principalement témoignée dans la flétrissure de la trahison » (1). Nous retrouvons d'ailleurs cette influence féodale dans les châtiments réservés aux entremetteurs et aux séducteurs ; influence qui avait contribué à développer le respect pour la femme et qui avait incité les hommes à la protéger. Nous retrouvons cette même influence dans la manière dont il s'inspire de la loi du talion pour punir les coupables, lorsqu'il nous présente Bertrand de Born, le troubadour du XIIe siècle, tenant devant lui, à bras tendus, sa tête séparée de son corps, — symbole de la division qu'il avait provoquée entre le jeune Henri Plantagenet et son père — et prononçant ces mots :

« La loi du talion de la sorte est suivie » (2).

Tout en rendant justice à Dante, nous sommes amenés à faire la critique de la morale catholique pour ce qui concerne les prodigues et les avares. Alors que le Catholicisme condamne seulement les derniers, Dante, par un sentiment de moralité supérieur à la doctrine dont il se réclame, punit également les uns et les autres. Mais cela est-il suffisant ? Non, d'après Comte. « Sans se borner à cette égalité », dit-il, « la morale positive doit irrévoca-

(1) *Politique*, tome III, ch. VII.
(2) *Enfer*, ch. XXVIII, traduct. A. de Margerie.

blement placer les seconds au-dessus des premiers, dont l'égoïsme n'est pas moindre, sauf aux yeux de leurs parasites, et qui, plus nuisibles, sont d'ailleurs moins estimables, faute de qualités pratiques, ou d'empire sur eux-mêmes (1) ».

Dans l'épisode de Francesca de Rimini, Dante nous montre une fois de plus qu'il est surtout dominé par la raison et non par le sentiment. Nous sentons cependant combien il est attendri par cet évènement tragique, tout récent alors, et que A. de Margerie raconte en ces termes : « Les Malatesta de Rimini étaient depuis longtemps en guerre avec Guido da Polenta. La paix fut négociée entre eux, et l'un des articles de la réconciliation fut que Guido donnerait sa fille Francesca en mariage à l'aîné des Malatesta, Gianciotto, qui était boîteux et difforme. Mais comme il n'y avait pas d'apparence que celle-ci acceptât un tel mari, on réussit à la tromper sur la personne. Elle crut épouser le jeune frère, Paolo, aussi charmant que son frère était hideux, et elle ne s'aperçut que trop tard de la substitution. Cette trahison abominable, beaucoup plus que la sanglante vengeance racontée dans le ve chant de l'*Enfer*, justifierait la sentence qui destine Gianciotto à la *Caïne* ».

(1) *Politique*, tome IV, ch. IV.
Cette manière d'apprécier le prodigue a le don de suffoquer la plupart de ceux qui l'entendent énoncer pour la première fois, et qui vivent sur ce préjugé que le prodigue est utile à la société en « faisant aller le commerce ». Il suffit pourtant de réfléchir un peu pour se rendre compte qu'il est avant tout un malfaiteur social, puisqu'il gaspille les produits, toujours restreints, d'une société, en prélevant, pour son usage personnel, un capital supérieur à ses besoins. Si nous disons qu'il est socialement un malfaiteur, à plus forte raison l'est-il familialement, comme dissipateur du patrimoine. Le même argent prodigué à tort et à travers, consacré, par exemple, de nos jours, à l'achat d'obligations de chemins de fer ou autres, ne serait pas moins de l'argent en circulation, mais appliqué à des travaux d'utilité générale (pour répondre à l'objection habituelle). Quant à l'avare, si, familialement, des torts graves lui sont imputables, il n'en est pas moins socialement, surtout à notre époque, un administrateur idéal de la fortune publique, en tant que prélevant le minimum de son avoir pour son entretien personnel.

A l'actif de Francesca, au contraire, il y avait les plus grandes circonstances atténuantes, propres à palier sa faute. Néanmoins, Dante avait une telle conscience de la morale sociale, il attachait une si grande importance au caractère sacré des liens du mariage, qu'il ne put se résoudre à justifier, en aucune manière, la faute de son héroïne, et que, dans une des pages les plus poignantes de son poème, il n'hésite pas à la placer dans le deuxième cercle de l'Enfer, parmi ceux qui ont succombé aux tentations de l'amour (1). Quel contraste avec la morale relâchée de nos jours, telle que la traduisent, à chaque instant, les verdicts de nos jurés parisiens !

En ce qui concerne la tempérance, Dante avait des habitudes de sobriété telles que le moindre excès lui semblait odieux ; aussi se montre-t-il quelque peu sévère à l'égard du pape Martin IV, — qui, au dire de Villani, était « magnanime et homme de grand cœur dans le gouvernement de l'Église », — en le mettant dans le Purgatoire à cause de son goût trop vif pour les anguilles du lac Bolsena, cuites au vin blanc (2). La sobriété est assurément une vertu qu'il admire, car il aime à faire savoir

> « Que les femmes des Romains dans leurs temps les plus beaux,
> Aux plus pompeux festins ne buvaient que de l'eau ». (Ch. XXII).

A son tour, Dante a trouvé des juges sévères qui ont blâmé sa sentence à l'égard de son maître Brunetto Latini (3) ; cependant on ne saurait voir dans ce jugement que la droiture de ses sentiments, qui l'a conduit à subordonner à la morale sa tendre affection pour un maître vénéré, dont il ne pouvait que réprouver les mœurs anormales, tout en l'aimant comme un père. En tant que catholique, il ne

(1) *Enfer*, ch. V.
(2) *Purg.*, ch. XXIV.
(3) *Enfer*, ch. XV.

pouvait agir autrement, le catholicisme s'étant proposé de réprimer les mœurs dissolues de l'antiquité.

La plupart des commentateurs n'ont pas manqué de lui reprocher aussi, à lui qui s'est fait le juge inflexible des vivants et des morts, les attaques, si souvent répétées dans son poème, contre sa ville natale et contre ses citoyens; cependant, s'il fut entraîné par la passion politique à se montrer si dur envers ceux de sa cité, il ne faut pas oublier, non plus, combien ceux-ci s'étaient odieusement conduits envers lui, en l'accusant faussement de concussion et de fraude ; il ne faut pas oublier, surtout, que Dante était homme et injustement proscrit ; aussi devons-nous voir plus d'amertune et de colère que de haine dans les vers qui lui furent arrachés du cœur par le spectacle des crimes et des méfaits de Florence, crimes qui contrastaient si fort avec les mœurs tranquilles et la courtoisie de sa cité d'autrefois.

Si nous croyons devoir le justifier à cet égard, par contre, nous croyons devoir lui reprocher la sévérité avec laquelle il punit les usuriers, en les plongeant, au septième cercle de l'Enfer, dans une rivière de feu. Il donne là une preuve plus grande de sa soumission à la morale catholique que de sa connaissance du rôle social que jouaient les usuriers de son époque, représentés, à Florence, par la corporation des changeurs. Invoquant les principes d'Aristote(1), et la théologie catholique qui enseigne que l'usurier, gagnant sans travailler, va à l'encontre de la loi du travail, exposée dans la Bible : « Tu mangeras ton pain à la sueur de ton front », il ajoute :

> « ...la nature et l'art, comme dit en son lieu
> La Genèse, voilà la source souveraine
> De vie et de progrès pour la famille humaine » (2).

Il n'a pas eu conscience que l'argent, tout comme la laine

(1) *Physique*, l. II.
(2) *Enfer*, ch. XI, traduct. A. de Margerie.

et les draps qui constituaient une des principales industries de Florence, est une marchandise en même temps qu'un signe (1) ; il a méconnu que les changeurs d'alors, comme les banquiers de nos jours, en s'adonnant à la spéculation, remplissaient une fonction sociale, non moins indispensable dans le développement des sociétés, par la répartition des capitaux à laquelle ils présidaient, que celle des artistes et des cultivateurs. Perrens a fort bien exposé ce rôle de l'usure dans la *Civilisation florentine du XIIIe au XVIe siècle.* « Après des oscillations et des tâtonnements, dit-il, l'expérience ayant porté ses fruits amers, la République n'essaya plus d'arrêter le fleuve dans sa course. Elle se contenta de lui avoir creusé un lit. Les plus ardentes prédications n'y purent rien. L'opinion était fixée : l'usure ne la choquait plus. Elle sentait bien, malgré les honnêtes gens à vues courtes, que le prêt à intérêt, fût-il usuraire, était un élément considérable de la prospérité, qu'il servait au trafic, à l'industrie des métiers, plus encore peut-être au travail agricole » (2). Comme en toute chose, il y eut inévitablement des abus que l'on ne saurait approuver, car, comme le fait remarquer Perrens, « ces chrétiens étaient terriblement juifs », mais le mal qui en résulta fut largement compensé par les avantages qui en découlèrent au point de vue du développement de la cité. Dante, en se rangeant parmi ces « honnêtes gens à vue courte », n'a envisagé que les inconvénients de cette institution nouvelle.

Nous ne saurions non plus admettre, sans critique, le rôle inhumain que joue le poète au XXXIIIe chant de l'*Enfer* lorsqu'il promet à un damné, sous la condition que celui-ci se fera connaître, d'enlever les larmes congelées de ses paupières, source de ses atroces souffrances, et qu'après avoir connu le nom et l'histoire d'Albéric de Manfredi, il part

(1) Rivarol.
(2) Ch. III.

sans rendre le service promis, en justifiant sa conduite et en se proclamant « courtois de s'être montré discourtois ». Comment excuser ce manque de parole, même à l'égard d'un traître, de la part de celui qui se montra si sévère pour la déloyauté !

Nous ne saurions, non plus, trop nous élever contre la place que Dante a réservé à Caton d'Utique, et contre les éloges dont il l'a couvert. Malgré la haute moralité habituelle de l'auteur du poème, sa valeur, comme justicier, nous parait, là encore, quelque peu contestable. C'est à titre de défenseur de la liberté que Dante a placé Caton d'Utique à l'entrée du Purgatoire, en le glorifiant, non seulement par cette place honorable, mais encore par la façon dont il s'exprime à son sujet. En rappelant dans le *Convito* la définition que les philosophes donnaient de ce qu'on appelle *honnête :* « ce qui, disaient-ils, au regard de la raison, est évidemment louable par soi-même, sans considération d'intérêt ni de profit », Dante ajoute : « ceux de cette école s'appelaient stoïciens et de leur nombre fut le glorieux Caton » (1). Puis, discourant sur ce qui est noble, « il est beau », dit-il, « de terminer par ce dernier (Caton) mon discours sur les marques de la noblesse, car en lui la noblesse les manifeste toutes et à tous les âges » (2). Arrivé sur la plage du Purgatoire, à la vue du vieillard, Dante s'exprime ainsi :

« Seul près de moi je vis un vieillard dont l'aspect
Me sembla commander tout le pieux respect
Dont un bon fils entoure un père vénérable. »

Et plus loin, Virgile s'adressant au romain, ajoute :

« Ta Marcia te prie encore avec ardeur
De la tenir pour tienne, ô noble cœur ! » (3).

(1) Traité IV, chap. VI.
(2) *Convito*. Traité IV, chap. XXIV.
(3) *Purg.*, ch. I.

Toute cette glorification nous paraît aussi peu admissible, au point de vue de la morale sociale qu'au point de vue de la morale personnelle et familiale, car celui que Dante regardait comme le défenseur de la liberté n'avait été, en réalité, que le défenseur des plus odieux privilèges de l'aristocratie romaine ; ce vieillard austère, « que le peuple respectait au théâtre, n'osant devant lui demander les danses effrénées de Flore... prêtait à Hortensius sa femme jeune (Marcia), pour la reprendre riche..., et oubliait sa rigidité dans le vin et dans la... passion de l'argent » (1). Bien que Drouilhet de Sigalas ait prétendu qu'on ignorait alors les secrets de la vie privée de Caton, il suffit de lire le *Convito* (2) pour être assuré que Dante ne les ignorait pas. « Lorsque Marcia revint à Caton, elle dit : « Donne-moi enfin le repos ; accorde-moi du moins d'être appelée tienne pendant cette vie ; deux raisons me portent à parler ainsi : l'une, c'est pour qu'après moi l'on dise que je suis morte femme de Caton ; l'autre, c'est pour qu'après moi l'on dise que tu ne m'as point répudiée, mais mariée à un autre librement. Et quel homme terrestre », continue Dante, « fut jamais plus digne que Caton de représenter Dieu ? Certes aucun » (3). Notre poète se faisait assurément une étrange idée de la moralité de son Dieu. Il eût mieux fait de s'en tenir à cette phrase, alors qu'il énumère les grands romains qui ont contribué à faire la gloire de Rome : « O très divin cœur de Caton, qui osera parler de toi ? Certes, on ne saurait mieux te louer qu'en se taisant » (4). Si Dante avait gardé le silence, on aurait pu croire, en effet, qu'il ignorait les turpitudes de celui qu'il a tenu à tant glorifier.

(1) Drouilhet de Sigalas : *De l'Art en Italie.*
(2) *Convito.* Traité IV, chap. XXIV.
(3) Traité IV, chap. XXIV.
(4) Traité IV, chap. V.

Sous le rapport philosophique, ce qui précède nous permet d'affirmer, à l'encontre de certains critiques, que la doctrine de Dante, loin d'être exclusivement théologique, est fortement imprégnée de métaphysique, comme l'ont fait remarquer Comte, puis Ozanam, et traduit, en même temps, certaines inspirations, les unes de nature matérialiste, les autres de nature positiviste.

Sans doute, la théologie semble tenir la plus large place dans la *Divine Comédie,* puisque Dieu y est considéré comme le grand moteur de l'univers, et qu'il domine toute la trilogie ; puisque, dans la *cantica* du Paradis, toutes les questions de philosophie religieuse sont traitées et résolues d'une manière essentiellement conforme à la théologie catholique. Cependant, nous remarquerons qu'au cours de ces trois *cantiche* il ne s'agit plus de théologie pure, et qu'à côté du Dieu de l'Ancien et du Nouveau Testament apparaissent diverses entités qui tendent déjà à supplanter la Providence divine : telles la Fortune et, surtout, la Nature dont le rôle deviendra prépondérant dans les siècles postérieurs, notamment au XVIIIe et au XIXe.

Dans l'Enfer, lorsque Virgile explique à son compagnon de voyage l'économie des trois cercles où est punie l'atteinte aux droits d'autrui, par fraude ou par violence, il s'exprime ainsi :

« La force enfin s'attaque au Souverain des cieux
Par la négation, le blasphème et l'injure,
Ou par l'outrage aux lois saintes de la *Nature* » (1).

A Brunetto Latini, qui lui prédit que « vers un noble port le guidera sa voile », il répond :

« Votre oracle d'ailleurs ne m'est rien de nouveau.
Qu'à son gré la *Fortune* agite donc sa roue ! » (2).

(1) *Enfer,* ch. XI, trad. A. de Margerie.
(2) *Enfer,* ch. XV, id.

Commentant la disparition de la race des Géants, il déclare que :

« La *nature* a bien fait, certes, d'abandonner
Ces types monstrueux. . . . . » (1)

A propos de la génération, au XXVe chant du Purgatoire, il parle du sang « qui se répand en un vase où la *loi de nature* opère sa mixture ».

Lorsque Béatrice expose au poète qu'un « ordre mutuel joint tout dans l'univers », elle lui fait entendre ces mots :

« Chacun a donc son port et chacun son sentier
Sur le vaste océan de l'être ; et la *nature*
Vers le but par l'instinct guide la créature » (2).

Au cours de l'entretien entre Dante et Charles Martel (fils de Charles Le Boîteux), ce dernier, traitant des vocations et des fonctions des hommes, ajoute :

« La *nature* toujours, si le sort la sert mal,
Quel que soit son effort, trouve un succès fatal,
Comme en un mauvais sol une graine féconde.

Et si l'on tenait compte, en bas, dans votre monde,
Du premier fondement que *nature* a posé,
Chaque homme à son emploi serait bien disposé » (3).

Enfin, dans le *Convito,* lorsque Dante cherche à expliquer les phénomènes physiques par les phénomènes moraux, il a recours au sentiment humain de l'*amour* pour rendre compte soit de l'affinité qu'ont les minéraux et les plantes pour certains lieux, soit de la chute des corps vers le centre de la terre, etc., etc. « Chaque chose a son *amour* spécial, dit-il, de même que les corps simples ont un *amour* inné pour leur lieu propre. C'est pourquoi la terre descend vers le centre, le feu s'élève vers la circonférence supérieure

(1) *Enfer,* ch. XXXI, trad. A. de Margerie.
(2) *Paradis,* ch. Ier, id.
(3) *Paradis,* ch. VIII, id.

qui longe le ciel de la Lune, et par suite, s'élance toujours de ce côté. Les corps de première formation, comme les minéraux, ont de l'*amour* pour le lieu auquel leur génération est ordonnée ; ils y croissent et en tirent vigueur et puissance. Ainsi l'aimant reçoit toujours sa vertu de l'endroit où il se produit. Les plantes, qui sont de première animation, ont plus manifestement de l'*amour* pour un certain lieu, suivant leur complexion native. C'est pourquoi certaines plantes se naturalisent, pour ainsi dire, le long des eaux, d'autres sur les plages et au pied des monts. Déplacées, ou elles meurent tout à fait, ou elles vivent avec tristesse, comme des créatures séparées de ce qu'elles *aiment* » (1).

D'autre part, l'influence que Dante attribue au nombre 9, ainsi qu'aux astres, est un curieux mélange de matérialisme mathématique à la façon de Pythagore et de matérialisme astronomique.

En ce qui concerne le nombre 9, l'influence superstitieuse que lui accorde le poète, est manifeste surtout dans la *Vita Nuova* et dans la construction même de la *Divine Comédie*, comme nous l'indiquerons ultérieurement, lorsque nous traiterons de l'édification du poème. Notre poète tenait cette superstition de l'antiquité qui avait considéré le nombre 9 « comme le nombre parfait parce qu'il terminait, en la complétant, la série des nombres simples », parce qu'il représentait « le nombre des cieux et celui des Muses, images des 9 sphères célestes...», et aussi « le nombre des livres sibyllins réduits successsivement à 3, racine de 9 » (2).

Dans la *Vita Nuova,* Dante prend soin de noter minutieusement toutes les circonstances de sa jeunesse dans lesquelles le nombre 9 est intervenu : c'est à l'âge de neuf ans qu'il rencontre Béatrice pour la première fois ; c'est neuf ans après que se place leur deuxième rencontre ; la

(1) *Convito*. Traité III, ch. III, trad. S. Rhéal.
(2) Aroux. *Dante hérétique révolutionnaire et socialiste.*

vision dans laquelle sa bien-aimée lui apparaît, enveloppée d'un suaire sanglant, a lieu à la quatrième heure de la nuit, de sorte « qu'il en résulte », dit-il, « qu'elle fut la première des neuf dernières heures » ; il a une autre vision à la neuvième heure du jour ; lorsqu'il célèbre les soixante plus belles dames de Florence, afin de pouvoir parler de Béatrice sans attirer l'attention, la mesure de son nom fait qu'elle se présente la neuvième ; après la mort du père de son idole, il reste malade durant neuf jours ; enfin, Béatrice meurt le 9 juin 1290. Or, écrit-il, « selon l'usage d'Arabie, l'âme si noble de cette Dame s'est séparée de son corps pendant la première heure du neuvième jour du mois, et, selon l'usage de Syrie, pendant le neuvième mois de l'année ». Dante ne s'est d'ailleurs pas borné à cette croyance, il a voulu la justifier en ces termes : « Puisque, selon Ptolémée et les vérités chrétiennes, il y a neuf *ciels* qui se meuvent, et que, selon l'opinion commune des astrologues, ces neuf *ciels* transmettent ici-bas les combinaisons harmoniques auxquelles ils sont soumis là-haut, ce nombre a été ami de Béatrice, pour faire comprendre que, quand elle fut engendrée, les neuf *ciels* mobiles se comportaient dans une parfaite harmonie. Voilà déjà une raison. Mais, en considérant la chose plus subtilement et selon l'infaillible vérité, ce nombre fut elle-même. En établissant une comparaison, voici comme j'entends la chose : le nombre trois est la racine de celui de neuf, puisque sans l'aide d'un autre nombre et par lui-même, il produit neuf ; car il est évident que trois fois trois font neuf. Si donc le trois est par lui-même créateur de neuf, et que le grand opérateur des miracles est par lui-même trois, c'est-à-dire Père, Fils et Saint-Esprit, lesquels sont trois et un tout à la fois, cette Dame fut toujours accompagnée du nombre 9 pour donner à entendre qu'elle était un 9, c'est-à-dire un miracle dont la racine est l'admirable Trinité » (1). Cette argumentation

(1) *Vita Nuova*, trad. Delécluze.

mi-métaphysique, mi-matérialiste, d'ailleurs peu explicative, et même tant soit peu obscure, tend à prouver néanmoins toute la magie de ce chiffre pour l'amant de Béatrice. A propos de cette influence attribuée, par Dante, au chiffre 9, il n'est peut-être pas sans intérêt de rappeler l'importance attribuée par Comte aux nombres qu'il a qualifiés de « sacrés ».

Quant au matérialisme astronomique, il se manifeste dans ce que le poète dit de l'influence des astres sur la destinée de l'homme, sur son caractère, ses passions et les autres phénomènes du monde moral, puisque l'auteur tend à subordonner les phénomènes sociaux, intellectuels et moraux, au peu qu'il savait des lois des phénomènes astronomiques. Après avoir parlé de

« ... l'astre sous qui chaque naissance a lieu » (1),

il fait dire au fils de Charles-le-Boiteux :

« Les astres font leur œuvre ; avec un art parfait
Sur la cire mortelle ils mettent leur cachet » (2).

Au chant XXII du Paradis, lorsqu'il pénètre dans la constellation des Gémeaux, il se souvient que le soleil était dans ce signe au jour de sa naissance et il s'écrie :

« O couple glorieux ! ô lumière bénigne
Dont la grande vertu, je l'avoue hautement,
Quel que soit mon génie, en est le fondement ! »

Aussi Comte fait-il remarquer avec raison que les attributions morales réservées par saint Paul à l'impulsion divine, en opposant la grâce à la nature, ont été « gravement altérées... par l'influence astrologique », dans « le poème de Dante » (3). Mais ajoutons, à la décharge de celui-ci, que cette croyance dans l'influence des astres sur la desti-

(1) *Purg.*, chap. XXX, trad. A. de Margerie.
(2) *Paradis*, chap. VIII, id.
(3) *Politique*, tome III, chap. VI.

née des hommes était celle de son siècle et avait pris place dans l'enseignement d'Albert-le-Grand, de saint Thomas d'Aquin, de R. Bacon : ce dernier allait même jusqu'à affirmer, adoptant une opinion de l'arabe Albumazar, que l'avenir et la durée des religions étaient sous la dépendance de la conjonction des planètes ; le christianisme était né de la conjonction de Jupiter et de Mercure, et lors de la conjonction de Jupiter et de la lune, toutes les religions devaient disparaître (Lasource).

Après avoir ainsi relevé les tendances métaphysiques et matérialistes de l'œuvre de Dante, il nous reste à démontrer comment, sous certains rapports, il mérite d'être considéré comme un précurseur de la philosophie positive.

Observons d'abord que lorsqu'il expose l'idée générale de l'application de sa méthode, il s'exprime ainsi : « Comme dit le Philosophe au premier livre de la Physique, la nature veut que nous procédions avec ordre dans notre connaissance, c'est-à-dire en passant du mieux connu au moins bien connu (1) ».

Ajoutons que, disciple d'Aristote, et instruit de la méthode de Roger Bacon, il ne se contente plus de la sanction des lois divines, et prétend contrôler les phénomènes naturels au moyen de l'observation et de l'expérience ; il déclare notamment que la démonstration est la base de la science (2). Il invoque si bien l'expérience, en méthode, qu'au chant II du Paradis, il la considère comme la

« Source de qui nos arts ont reçu la naissance ».

Et dans un passage du Purgatoire, « rappelant que l'angle d'incidence est égal à l'angle de réflexion», il ajoute :

«... comme le font voir l'expérience et l'art (3) ».

(1 et 2) *Convito*. Traité II, chap. I, trad. S. Rhéal.
(3) *Purg.*, ch. XV, trad. A. de Margerie.

Son esprit positif l'amène à reconnaître que l'affirmation, comme la négation, sont, à priori, anti-scientifiques ; aussi n'hésite-il pas à proclamer que :

> «... le plus bas degré de la sottise humaine
> C'est, sans rien distinguer, par une hâte vaine,
> Dans l'un ou l'autre cas, d'affirmer ou nier (1) ».

De plus, vient-on à dégager la pensée de Dante de la forme métaphysique ou matérialiste qu'elle revêt souvent, il apparaît que cinq siècles avant Comte, il a eu le mérite de placer la morale au-dessus de toutes les autres sciences. Dans le rapprochement qu'il établit entre elles et les cieux, il fait correspondre : la grammaire, la dialectique, la rhétorique, l'arithmétique, la musique, la géométrie, l'astrologie, aux sept premiers ; au huitième, la physique et la métaphysique, au neuvième, la science morale. « Le ciel cristallin », dit-il, « qui précédemment a été compté comme premier mobile, offre une comparaison très frappante avec la philosophie morale, car la philosophie morale suivant ce qu'énonce Thomas, au sujet du second livre de l'Éthique, nous ordonne aux autres sciences ». Et faisant l'hypothèse de l'immobilité du neuvième ciel, qui aurait pour conséquence qu'on « ne verrait plus en aucun lieu terrestre la troisième partie du nôtre », il prétend que, de même « en l'absence de la philosophie morale s'éclipseraient, pendant un intervalle, toutes les autres sciences ; il n'y aurait plus génération, ni aucune vie de félicité, et vainement les anciens les auraient décrites et trouvées (2) ».

Enfin, bien qu'Ozanam ait soutenu que Dante « n'alla pas aux excès qui se sont vus de nos jours », qu'il « ne divinisa pas l'Humanité en la représentant suffisante à soi-même, sans autre lumière que sa raison, sans autre règle

(1) *Paradis*, ch. XIII, trad. A. de Margerie.
(2) *Convito*, traité II, ch. XIV, trad. S. Rhéal.

que son vouloir », nous prétendons que, par l'ensemble de son œuvre, par sa préoccupation constante de la destination sociale de toute activité, par son souci de la morale individuelle et collective, par le sentiment qu'il a eu de la continuité entre les morts et les vivants, entre ceux-ci et les générations futures, l'auteur de la *Divine Comédie* mérite d'être considéré comme un précurseur de Comte, ayant assigné comme but à la vie humaine le service de l'Humanité.

Les considérations qui précèdent nous permettent de prendre position, à la fois, contre ceux qui ont voulu faire de Dante un catholique, parfaitement orthodoxe, et contre ceux qui ont voulu faire de lui un hérétique, précurseur du protestantisme, membre de société secrète.

Il ne fut pas assurément le parfait orthodoxe qu'Ozanam et maints autres critiques catholiques se sont plus à nous représenter.

A ce point de vue, sa soif de vengeance à l'égard de certains damnés nous ferait même supposer qu'il oublie, par moments, la morale de Jésus : devant Vanni Fucci, que deux serpents enlacent, nous l'entendons s'écrier :

« J'aime depuis ce temps les serpents, je l'avoue (1) » ;

et lorsqu'il se trouve en présence de Philippe Argenti, florentin pour lequel il aurait eu une haine politique et personnelle, il dit, s'adressant à Virgile :

«... Maître, j'aurais un plaisir sans mélange
A voir, avant d'atteindre avec toi l'autre bord,
Enfoncer celui-ci, dans le bourbier de mort (2) ».

De plus, le souci constant de la vie subjective, de l'opinion publique, de la gloire, que Dante témoigne, à diverses reprises, dans son poème, contraste étrangement avec le

(1) *Enfer*, ch. XXV, trad. A. de Margerie.
(2) *Enfer*, ch. VIII, id.

détachement des choses terrestres, prêché par la religion catholique.

Bien que, dans le onzième chant du Purgatoire, il fasse dire à l'enlumineur Oderesi que

> «... la gloire est un vent qui passe et qui repasse.
> . . . .
> « Mortels, votre renom n'est qu'une herbe éphémère » ;

bien que, par la voix de Justinien, il montre, attardés dans la sphère de Mercure, les bienheureux qui ont accompli de grandes choses sur la terre, mais en aspirant « d'une façon trop humaine » (1) à la gloire, il est évident, comme le prouveront les citations suivantes, que la plupart des personnages de la *Divine Comédie* se préoccupent étrangement de ce qu'on peut penser d'eux sur la terre : les uns, plus soucieux de vivre dans l'esprit des hommes qu'affligés de leurs souffrances, les autres, plus désireux d'être immortels sur la terre qu'immortels dans le ciel.

Dans les épais fourrés des bois qui saignent, au treizième chant de l'Enfer, Pierre des Vignes, le célèbre chancelier de Frédéric II, raconte sa disgrâce et sa mort, et adresse cette requête aux voyageurs qui l'écoutent :

> « Si du jour l'un de vous doit revoir la lueur,
> Qu'il daigne relever ma gloire encor blessée
> De ce coup dont l'envie infâme l'a percée ».

Au moment où prend fin le touchant entretien entre Dante et son maître Brunetto Latini, celui-ci adresse cette prière à son élève :

> « Je ne te recommande, ô mon fils, rien qu'un livre
> Mon Trésor (2) ; en lui seul encore je peux vivre » (3).

(1) *Paradis*, ch. VI, trad. A. de Margerie.
(2) Le Trésor était une encyclopédie écrite en français, et le principal ouvrage de Brunetto.
(3) *Enfer*, chap. XV, trad. A. de Margerie.

Au chant suivant, le disciple de Virgile se voit abordé par trois esprits qui l'implorent en ces termes :

« .... si tu dois encor vers le beau firmament
Remonter, franchissant le seuil de ces lieux sombres,
Quand tout fier tu diras : je fus parmi les ombres,

Ah ! songe à rappeler nos noms chez les vivants ! » (1).

Lorsque Dante invite Guido de Montefeltro à lui raconter son histoire, il ne trouve rien de mieux, pour le déterminer à parler, que de lui dire :

« Et puisse ainsi ton nom surnager dans le monde ! » (2).

Au cours d'une dispute entre maître Adam, qui contrefit les florins de Florence, et Sinon, qui fit entrer dans les murs de Troie le fameux cheval de bois, le premier lance, comme une suprême injure, à son interlocuteur, cette imprécation :

« Parjure ! . . . .
. . . . que la honte éternelle
De ton nom te devienne une peine nouvelle » (3).

Et lorsque Virgile réclame du géant Antée le service d'être transporté par lui, avec son compagnon de voyage, au fond du puits, occupé par le Cocyte, il lui fait la promesse que Dante, en récompense, fera revivre sa gloire sur la terre :

« Il servira là haut ta gloire qui s'efface » (4).

La scène qui se passe au XXXIIe chant de l'Enfer est tout à fait typique en ce qui concerne l'importance que les damnés attachent à leur bonne réputation sur la terre, et la valeur qu'attribue Dante à la réprobation des vivants.

(1) *Enfer*, chap. XVI, trad. A. de Margerie.
(2) *Enfer*, chap. XXVII, id.
(3) *Enfer*, chap. XXX, id.
(4) *Enfer*, chap. XXXI, id.

Celui-ci, qui veut à tout prix savoir le nom d'un damné, dont il a heurté involontairement le crâne, lui dit :

« ... Je suis vivant. Il peut t'être agréable
Si tu veux pour ton nom un souvenir durable,
Qu'avec d'autres il ait une place en mes vers ».

Le damné n'a garde de se faire connaître, car il est le traître Bocca degli Abati, qui trahit l'armée florentine à Monte-Aperto. Mais un compagnon d'infortune l'interpelle et le nomme. Alors Dante lui déclare qu'il ne veut plus désormais l'écouter :

« Traître maudit.... je vais rapporter
Sur la terre, à ta honte, un récit véridique ».

Et dans sa colère de penser que son nom, flétri, sera répété parmi les hommes, le damné, en guise de vengeance, prononce les noms de tous ceux qui partagent son supplice.

Rivarol, il est vrai, a prétendu dans ses Commentaires de l'Enfer, que cet appel à « leur bonne renommée » n'était qu'un puissant artifice de la part du poète pour solliciter les ombres à répondre à ses demandes. Mais si l'interprétation de Rivarol est susceptible de s'appliquer à quelques-uns des entretiens de Dante avec les morts, elle n'est guère plausible, quant aux autres, car il est facile de se rendre compte que la plupart des damnés qui conversent avec les deux visiteurs n'ont nul besoin d'être sollicités de cette manière : tel, le cas de Brunetto Latini qui , certes, ne requérait aucune pression de ce genre, et qui, de lui-même, au contraire, recommande son livre à son élève ; tel encore le cas de Pierre des Vignes qui, spontanément, implore le poète de le justifier parmi les vivants, etc., etc.

Enfin, en ce qui concerne la gloire, Dante manifeste d'une manière évidente le souci qu'il en a pour lui-même, et qui est incompatible avec la foi ardente d'un catholique orthodoxe, lorsqu'il place ces paroles dans la bouche de Virgile :

«... C'est ainsi

Qu'il te faut désormais travailler sans merci,
Dit mon Maître. A rester sous la plume ou la soie,
De la gloire immortelle on ne suit pas la voie,

Gloire sans qui la vie, inutile fardeau,
Ne laisse aucun vestige ou plus long ou plus beau
Que la fumée en l'air ou l'écume dans l'onde » (1).

D'autre part, la sympathie de Dante pour certains personnages, frappés des foudres de l'Église, et placés par lui, soit en Enfer, soit, même, au Paradis, est encore quelque peu en contradiction avec sa prétendue orthodoxie.

Ne le voyons-nous pas introduire audacieusement dans le céleste séjour (2), le professeur Siger qui, dénoncé en 1277 au dominicain Simon du Val, comme suspect d'hérésie, fut condamné et chassé de sa chaire ? Or, n'a-t-il pas été établi par Gebhart, dans l'*Italie mystique,* que Siger, avec ses disciples, niait l'unité substantielle de la Trinité, la Providence, le miracle ; qu'il supprimait Adam, la chute, la raison d'être de la Rédemption, qu'il reconnaissait l'impuissance de Dieu à modifier l'ordre fatal des formes de l'être, qu'il déclarait l'âme de l'homme inséparable du corps et mourant de la même mort, qu'il ne concevait ni Paradis, ni Enfer, et qu'enfin, il considérait le christianisme et ses fables comme un obstable insurmontable à la science parfaite ! (3)

Dans une guirlande d'esprits bienheureux ne voyons-nous pas également briller, parmi les âmes saintes, celle de Joachim de Flore,

« Doué par le Seigneur de l'esprit prophétique » (4),

(1) *Enfer,* ch. XXIV, trad. A. de Margerie.
(2) *Paradis,* ch. X.
(3) *Italie Mystique,* ch. VII.
(4) *Paradis,* ch. XII, trad. A. de Margerie.

entaché lui aussi d'hérésie et reconnu coupable par le concile de Latran ! (1215).

Enfin n'est-ce pas à la porte du Purgatoire que nous rencontrons le païen Caton d'Utique, qui, contrairement à la morale biblique, avait mis fin à ses jours, et d'autre part, n'est-ce pas aux Limbes que l'antéchrist Averrhoès a trouvé un glorieux asile parmi les grands penseurs de l'antiquité, en dépit des sentences canoniques ?

De plus, bien que conformément à la morale catholique, il ait puni, des feux de l'enfer, Frédéric II et Farinata, comme épicuriens, Dante ne peut s'empêcher de leur témoigner sa sympathie et son estime. En de beaux vers il glorifie le premier, qui sauva Florence de la destruction, et, par la voix du chancelier Pierre des Vignes, il fait ainsi l'éloge de Frédéric II,

«... mon maître qui fut digne de tant d'honneur » (1),

résumant par ces quelques mots toute son admiration pour le grand empereur. N'y a-t-il pas là, dans ces deux exemples, une prédominance manifeste des sentiments politiques de l'auteur, sur ses sentiments religieux ?

Ses attaques contre les papes, contre le clergé, contre les moines, ne prouvent-elles pas encore l'indépendance de Dante à l'égard de l'Église romaine ?

A Léopold de Gaillard, qui prétend défendre l'orthodoxie du poète, en alléguant que sur plus de deux cents pontifes qui ont régné avant sa naissance, trois ou quatre seulement auraient été immolés par lui à ses haines politiques (2), il est facile de répondre que « contemporain de quatorze papes, s'il en a loué deux et passé sept sous silence, il a prétendu blâmer les imperfections humaines des cinq autres » (3), que, de plus, il a fermé, intentionnellement,

(1) *Enfer*, ch. XIII, trad. A. de Margerie.
(2) Le Correspondant (25 déc. 1855).
(3) Ozanam. Partie III, ch. V.

nous n'en doutons pas, les portes de son Paradis à tout représentant du Saint-Office, et que, s'il a cru devoir hospitaliser largement les pontifes dans l'Enfer, il n'en a gratifié que deux, seulement, du séjour moins terrible, sinon agréable, du Purgatoire.

N'oublions pas, non plus, qu'il tient fort peu compte de leurs sanctions, lorsqu'il s'institue le juge, terrible ou compatissant, des morts. Sans nous arrêter à défendre ou à critiquer ses arrêts personnels, nous constaterons seulement qu'il n'a pas hésité, pour éviter d'entrer formellement en lutte avec l'Église, à invoquer les sentiments secrets du repentir, dont Dieu seul pouvait être juge, et qu'en vertu d'une supposée conversion « *in extremis* » il a placé, dans le Purgatoire, le petit-fils de Frédéric II, l'hérétique Manfred, excommunié par le pape, et qui pleurant se rendit

« . . . . à l'instant de mourir,
A Celui qui toujours pardonne au repentir » (1).

Faisant allusion à l'arrêt terrible de Clément IV, qui ordonna que les ossements de Manfred fussent jetés hors du royaume, Dante, par la voix du condamné, met en opposition la clémence de Dieu et la rigueur de son représentant sur la terre :

« Pasteur de Cosenza, toi que, pour me chasser,
Clément quatre envoya, si ton œil moins sévère
Avait su lire en Dieu ce sublime mystère,

Mes os seraient encore, à la tête du pont
Auprès de Bénévent, gardés de tout affront
Sous le pesant abri des pierres de la Pouille » (2).

Dans le même séjour nous trouvons Buonconte, pardonné lui aussi à son heure suprême,

« Pour une pauvre larme au bord de sa paupière ! » (3),

(1) *Purg.*, ch. III, trad. A. de Margerie.
(2) *Purg.*, ch. III, id.
(3) *Purg.*, ch. V, id.

son âme ayant été ravie au démon par le bon ange qui recueillit, sans doute, « cette petite larme de la dernière heure ». Mais par contre, bien que Montefeltro, le père de Buonconte, eût été absous par le pape, Dante lui fait expier, dans le huitième cercle de l'Enfer, sa complicité avec Boniface, qui, malgré son caractère pontifical, ne se faisait aucun scrupule de tromper ses ennemis (1). En nous rapportant au texte de la *Divine Comédie,* il nous paraît bien difficile, à moins de jouer sur les mots, d'admettre, comme Ozanam, que Dante ait reconnu, en fait, la valeur de l'excommunication et de l'absolution ; ne semble-t-il pas au contraire, par ce qui précède, vouloir se passer délibérément du jugement de l'Église et recourir uniquement au jugement et au pardon de Dieu ?

Orthodoxe, Dante eût-il écrit son traité *De Monarchia* dans lequel il attaque si ouvertement les visées de l'Église ? Eût-il osé dire, par la voix de Pierre Damien :

« Aux modernes pasteurs il faut tout une suite ;
Il faut des porte-queues ; il faut, tant ils sont gras,
Quelqu'un qui les soutienne et leur donne le bras.

On couvre de manteaux leurs palefrois ; il semble
Que sous la même peau deux bêtes sont ensemble » (2).

Eût-il attaqué, comme il l'a fait, les ordres monastiques et leurs prédicateurs, et mis ces mots dans la bouche de saint Benoît :

« Ces murs, jadis foyers d'où la vertu rayonne,
Sont des antres maudits ; le capuchon pieux
De farine moisie est un sac odieux.

Mais la plus lourde usure est un moins rude outrage
Au bon plaisir de Dieu que le profane usage
De ces gros revenus qui font vos moines fous.

(1) *Enfer*, ch. XXVII.
(2) *Paradis,* chap. XXI, trad. A. de Margerie.

Car les biens que l'Église accumule sont tous
Au pauvre qui gémit et pour Dieu vous implore,
Et non à des parents, ou bien à pis encore » (1).

S'adressant à ceux qui devraient enseigner en chaire les Saintes Écritures, se serait-il exprimé en ces termes :

« Chacun cherche à briller, et cultive avec zèle
Ses propres nouveautés ; on les prêche si bien
Que du saint Évangile en chaire on ne dit rien.

. . . .

Quolibets et bons mots, c'est le ton favori
De vos prédicateurs ; pourvu qu'on ait bien ri,
Le capuchon se gonfle et ravie est la foule.

Mais un tel oiseau niche au fond de la cagoule
Que, s'il se laissait voir, nul ne voudrait pour soi
Des pardons auxquels tous ont une aveugle foi,

Pardons qu'à si haut prix porte votre sottise
Que, sans nul témoignage ou preuve qui suffise,
Qui les promet vous voit courir à son tréteau.

Et par là saint Antoine engraisse son pourceau,
Et de pires encor, bande impure qui paie
Ce qu'elle escroque avec de la fausse monnaie » (2).

Orthodoxe, Dante n'eût pas audacieusement usurpé les droits de l'Église et de la Papauté, car l'opposition de son poème avec le dogme catholique « ne résulte pas seulement », comme le fait remarquer A. Comte, « des attaques formelles contre les papes et le clergé, quoiqu'elles y soient très graves et fort multipliées ; elle ressort bien plus profondément de la conception même d'une telle composition, où les droits suprêmes d'apothéose et de damnation sont audacieusement usurpés, de façon à constituer une sorte de sacrilège fondamental, qui eût été certainement impossible, deux siècles auparavant, sous le plein ascendant du catholicisme » (3).

(1) *Paradis,* chap. XXII, trad. A. de Margerie.
(2) *Paradis,* chap. XXIX, id.
(3) *Philosophie positive,* tome VI, 56e leçon.

Orthodoxe, Dante ne se fût pas permis ce que Delécluze appelle «une licence de mauvais goût», en déifiant, comme il l'a fait, Béatrice, placée, par lui, non à l'égal, mais au-dessus des saints ; il ne l'eût pas rattachée, pour ainsi dire, à la Trinité, en prétendant, comme nous l'avons vu plus haut, que cette Dame était un neuf, c'est-à-dire un miracle dont la racine était l'admirable Trinité (1).

Sa prétention d'interpréter directement les livres saints, sans le secours du sacerdoce, sa défense de la liberté humaine et sa tendance à se constituer, lui seul, le juge de ses actes, ne viennent-elles pas encore à l'encontre des principes orthodoxes ?

En effet, non content de se substituer à l'Église pour juger les vivants et les morts, Dante s'arroge encore le droit d'interpréter les Saintes Écritures : à saint Pierre, qui l'interroge sur l'origine et la ferveur de sa foi, il répond :

« .... Les flots pressés
Que l'Esprit-Saint en pluie abondante a versés
Sur les pages du Vieux comme du Nouveau-Livre,

Voilà le syllogisme, ô père, qui me livre
Des jugements si sûrs, si justement conclus
Que tout autre argument auprès d'eux est obtus » (2).

S'il met son jugement au-dessus de celui de l'Église et des papes, il ne craint pas moins d'attaquer celui des saints et il n'hésite pas à combattre l'opinion (d'ailleurs contestable au point de vue catholique) de saint Jérôme, sur l'origine des Anges (3).

De même que, dans son traité *De Monarchia,* l'auteur, en différents passages, n'admet pas d'intermédiaire entre Dieu et l'Empereur, de même, par ces diverses citations semble-t-il prétendre relever immédiatement de l'autorité

(1) DELÉCLUZE : *Vie nouvelle.*
(2) *Paradis,* ch. XXIV, trad. A. de Margerie.
(3) *Paradis,* ch. XXIX.

divine, ce qu'il exprime d'ailleurs d'une façon assez significative, lorsque sur le point de se séparer de lui, au seuil du Paradis, Virgile prononce cette parole :

« Je te fais de toi-même et l'évêque et le roi » (1).

Par son appel à la conscience individuelle, qu'il érige en juge suprême des questions morales, il ébranle l'autorité du prêtre et porte un coup terrible au dogme de l'infaillibilité de l'Église. S'adressant à Brunetto Latini, il déclare :

« Pourvu qu'en paix je vive avec ma conscience,
Calme j'attends mon sort, qu'il soit ou triste ou beau » (2).

Enfin, il n'est pas jusqu'à ses déclarations en faveur de la liberté humaine, jusqu'à sa défense du libre arbitre qui ne viennent ébranler, indirectement, la notion de toute vraie théologie, celle de l'omnipotence divine, puisque Dieu n'exerce plus directement son influence sur l'homme, celui-ci ayant reçu « le plus grand don » réservé à tout être raisonnable (3).

« Libres, c'est un pouvoir et plus grand et meilleur
Qui nous gouverne ; il est en vous le créateur
De l'esprit que le ciel n'a point sous son empire » (4).

Si cet appel à la liberté individuelle était d'une grande utilité à l'époque qui nous occupe, il était cependant quelque peu en désaccord avec l'enseignement de l'Église pour qui la grâce était indispensable au salut, et il soulignait, d'une manière évidente, les tendances métaphysiques de l'auteur de la *Divine Comédie.*

Ces diverses constatations nous autorisent donc à dire que Dante fut loin d'être un parfait orthodoxe. Mais s'ensuit-il, comme l'a prétendu Aroux, qu'il ait été un adversaire

(1) *Purg.*, chap. XXVII, trad. A. de Margerie.
(2) *Enfer*, ch. XV, id.
(3) *Paradis*, ch. V, id.
(4) *Purg.*, ch. XVI, id..

conscient du Catholicisme ? Nous ne le croyons pas davantage, et nous en donnons pour preuve le fait qu'en principe, comme en théorie, il a toujours défendu la légitimité de l'institution pontificale et la nécessité de son maintien.

Nous le voyons, par exemple, au chant V du *Paradis*, mettre dans la bouche de Béatrice ces paroles qui sont un témoignage de sa foi, en même temps que de sa soumission, du moins apparente, au chef de l'Église :

> « Vous avez les trésors de la Sainte Écriture ;
> Pour guide vous avez le Pasteur des pasteurs ;
> C'est assez pour gagner les célestes hauteurs ».

Au XXe chant du Purgatoire, il n'hésite pas, malgré sa haine profonde pour Boniface, à flétrir l'attentat d'Anagni, qui atteignait, dans son ennemi personnel, la fonction pontificale qu'il respectait :

> « ... je vois Jésus-Christ captif dans son vicaire.
>
> Je le vois de nouveau bafoué du vulgaire ;
> Je le vois, abreuvé de vinaigre et de fiel,
> Entouré de brigands, mourir en criminel ».

Dans le passage où saint Bonaventure raconte la vie de saint Dominique, Dante a soin, tout en attaquant Boniface VIII qu'il vise, de distinguer entre l'homme et le ministère qu'il représente :

> « Le Saint-Siège traitait mieux les pauvres alors.
> Aujourd'hui !... Le péché n'en est point a lui-même,
> Mais à qui, l'occupant, trahit le rang suprême » (1).

S'il s'éleva contre la puissance temporelle des papes, c'est qu'il appartenait à une époque où l'on était las des abus de la pseudo-théocratie, instaurée par Hildebrand et ses successeurs ; s'il attaqua la suprématie sacerdotale dans le Traité *De Monarchia*, il fut plutôt conduit, comme on l'a dit, par une idée politique qu'influencé par une

(1) *Paradis*, ch. XII, trad. A. de Margerie.

pensée religieuse. Nous sommes alors en droit de nous demander si Dante, — avec son grand esprit de justice, qui domina toujours son esprit de parti, — de même qu'il s'éleva contre l'usurpation des papes, ne se serait pas élevé, également, contre celle des empereurs, à l'époque du grand Hildebrand. Son attitude dans le différend entre Boniface et Philippe IV nous porterait à le croire.

En outre, dans l'appréciation de ses sanctions souvent justes, bien que parfois sévères, à l'égard des représentants du pouvoir pontifical, il ne faut pas oublier qu'il ne faisait, comme l'a fait remarquer Hauvette, que continuer une lointaine et pieuse tradition catholique : « on est frappé », dit cet auteur, « du caractère anticlérical des œuvres monastiques, dont les pieux auteurs, très occupés de prêcher un certain idéal de perfection chrétienne, — celui, entre autres, qui consiste à faire beaucoup d'aumônes aux ordres auxquels ils appartiennent, — n'hésitent pas à damner les membres du clergé séculier » (1).

Sciemment hérétique, comme l'ont prétendu Rossetti et Aroux, comment Dante aurait-il fait l'éloge de saint François d'Assise et de saint Dominique, les fondateurs des deux ordres monastiques qui avaient été spécialement institués pour combattre les ennemis de la foi ? Cet éloge suffirait, à lui seul, pour ruiner la thèse des critiques qui ont fait du poète florentin un affilié de société secrète, en relation avec la secte des Albigeois.

On n'a vraiment pas le droit de traiter de schismatique l'auteur de cette *Cantica* du Paradis, dont les grandes dissertations théologiques sont un exposé précis du dogme catholique en ce qui concerne la Pénitence, la Trinité, la Rédemption et les Vertus Théologales. Ces strophes du Credo sont à coup sûr une admirable démonstration de la foi sincère de leur auteur :

(1) Hauvette : *Dante*, 3e partie, ch. III.

« Eh bien, je crois un Dieu, seule essence éternelle,
Être premier qui meut, immobile, le ciel,
Et cela par l'amour et l'attrait naturel.

Et cette foi n'a pas pour argument unique
Ou la preuve physique ou la métaphysique ;
Elle a la vérité qui pleut en bas d'ici

Par Moïse, David, les prophètes aussi,
L'Évangile, enfin vous qui finîtes le livre
Quand eut passé sur vous l'Esprit qui vous enivre.

« Je confesse en ce Dieu trois personnes ; je crois
Qu'elles sont une essence une et triple à la fois
Dont « *elles sont, il est* », peut ensemble se dire.

« Cette union qu'on nomme et qu'on ne peut décrire,
Ce mystère profond, l'Évangile souvent
En parle, et dans mon cœur l'a gravé bien avant.

« L'Évangile, voilà la première étincelle
Qui va se dilatant en flamme vive et belle
Et qui scintille en moi comme une étoile aux cieux » (1).

Rien de plus conforme encore au dogme que la croyance de Dante en l'immortalité de l'âme. « Entre toutes les bestialités, la plus stupide, la plus vile, dit-il, et la plus damnable, c'est de croire qu'après la vie présente il n'y en a point d'autre... Oui, je le crois, je l'affirme et j'en suis certain, au sortir de cette vie nous passons à une vie meilleure » (2).

Sa foi dans les miracles, qu'il invoque pour prouver que Dieu avait destiné le peuple romain à la monarchie universelle (3), et, selon le témoignage de son fils Giacopo, son culte pour sainte Lucie, qui avait, dit-on, le privilège de guérir les yeux, et à laquelle il recourut pour lui-même, sont assurément des armes contre son hétérodoxie. Il est bon d'ajouter que cette dévotion à la sainte, qui avait un tel pouvoir de guérison, est une preuve que Dante était bien

(1) *Paradis*, ch. XXIV, trad. A. de Margerie.
(2) *Convito*. Traité II, ch. IX, trad. S. Rhéal.
(3) *De Monarchia*, l. II, ch. II.

l'homme du Moyen-âge, et qu'il ne resta pas étranger aux plus grossières superstitions de son temps. Il aurait eu même, croit-on, à une époque de sa vie, dans sa jeunesse sans doute, l'intention de se faire moine. « Ce projet est attesté par deux des commentateurs les plus anciens et les plus instruits de la *Divine Comédie*. L'un des deux va jusqu'à dire que Dante porta un moment l'habit de Saint-François, et le quitta avant d'avoir fait profession. L'autre s'exprime plus vaguement : parlant d'un monastère de l'ordre de Saint-Benoit, situé dans les gorges de l'Apennin, au voisinage de *San Benedetto in Alpe,* il le désigne comme le monastère où notre poète avait résolu de mener la vie religieuse » (1).

Sans doute, le lecteur superficiel peut s'étonner de trouver la mythologie mêlée au christianisme dans le poème de Dante, mais ce n'est là qu'un manque de goût imputable à son siècle. Cette influence de l'antiquité classique, comme le fait remarquer Ampère, n'avait cessé de se manifester chez les chrétiens qui éprouvaient le besoin d'appliquer aux idées nouvelles les formes de la poésie antique (2), considérée comme la mère de toute poésie. Si donc les divinités infernales, d'ailleurs métamorphosées, se retrouvent dans l'*Enfer,* par une réminiscence de la littérature païenne et spécialement de Virgile, ce n'est là qu'une licence autorisée par la théologie d'alors. Il n'est pas plus surprenant de voir Dante invoquer les Muses et donner à Dieu les noms de Jupiter et d'Apollon, que de voir, à notre époque, les statues de nos savants les plus positifs, ornées de génies, les couvrant de leurs ailes.

Quant à prétendre, comme l'a fait Aroux, que Dante fut un complice et un défenseur des Templiers, il faut être aveuglé par le parti-pris pour soutenir une telle thèse.

(1) FAURIEL, tome I, 5e leçon.
(2) *Hist. littéraire de France,* tome II, ch. VI.

Alors que ce critique prétend relever, en différents endroits, des allusions en faveur de cet ordre, nous ne trouvons dans tout le poème qu'un seul passage où il en soit question : à propos des outrages infligés au page dans Anagni, le poète s'exprime en ces termes :

« Et ce n'est point assez pour la rage barbare
Du Pilate nouveau. Je vois sa main avare
Du Temple se saisir sans droit et sans pudeur » (1).

De plus, la critique superficielle d'Aroux ne saurait résister à l'analyse des œuvres de Dante ; car, nous savons que, non seulement dans le traité *De Monarchia,* mais aussi tout au long des trois *cantiche,* la pensée politique qui domine manifestement l'auteur est la division des deux pouvoirs, spirituel et temporel, et nous constatons que, dans sa vie politique comme dans son œuvre littéraire, Dante s'est montré toujours le partisan dévoué de cette division. Comment, dès lors, admettre qu'il ait défendu et partagé les opinions d'une association de moines-soldats qui visaient précisément à concentrer dans leurs mains les deux pouvoirs à la fois, et qui, par conséquent, représentaient tout l'opposé du principe si passionnément défendu dans le *De Monarchia* et la *Divine Comédie?* Les textes de Dante, seuls, protestent donc d'une manière frappante contre l'interprétation, inadmissible, avancée par Aroux.

En raison de l'insuffisance des données positives et de la divergence des interprétations émises par les critiques, il est difficile, sans doute, de se prononcer sur la signification exacte du langage voilé des « diseurs d'Amour » parmi lesquels se rangeait Dante; mais on peut objecter à Rossetti, à Aroux et à Péladan, qui lui ont prêté le dessein de masquer sa pensée par crainte de l'Inquisition, qu'en ce qui concerne les papes, il ne paraît pas avoir voulu cacher ce

(1) *Purg.*, chap. XX, trad. A. de Margerie.

qu'il tenait à dire et qu'il a exprimé avec tant de franchise. Qu'aurait il eu besoin, d'ailleurs, d'un langage, à ce point voilé, pour se soustraire au jugement de ceux qui étaient au pouvoir, après avoir écrit d une manière si intelligible le traité *De Monarchia?*

Comment prendre au sérieux l'existence d'une société secrète telle que nous la présente ces critiques, société qui n'aurait jamais cessé de se perpétuer à travers les âges, qui aurait lutté toujours contre l'organisation sociale et qui n'aurait jamais laissé aucune preuve de son existence, sauf, comme on l'a prétendu, l'organisation actuelle de la franc-maçonnerie !

Enfin, relativement au désir des uns de voir dans le poète un parfait orthodoxe et au désir des autres d'en faire un ennemi du Catholicisme, un affilié de société secrète, nous conclurons en ces termes : si l'on considère comme orthodoxe celui qui ne veut à aucun prix sortir des girons de l'Église, en ce cas, oui, Dante fut orthodoxe ; si, au contraire, on entend par orthodoxe celui qui s'incline les yeux fermés devant les traditions et les enseignements de l'Église, en ce cas, non, Dante ne le fut pas.

En admettant qu'il ait été un réformateur, il ne fut nullement un ancêtre de Luther et de Calvin ; car, comme le fait remarquer Hauvette, c'est bien « dans l'Église elle-même et par elle, non en dehors d'elle, ni surtout contre elle » qu'il entendait que cette réforme fût entreprise (1). C'est pourquoi nous l'avons vu, en disciple fidèle de saint Thomas d'Aquin, faire l'apologie de saint François d'Assise et de saint Dominique, ces deux régénérateurs du christianisme, qui, en même temps qu'ils prêchaient le renoncement de soi-même et le mépris des richesses, s'étaient donné comme mission principale de combattre l'hérésie.

(1) *Dante*, première partie, ch. III.

Il ne faut pas croire, comme certains, que les emprunts du poète à la philosophie grecque et à la science positive, représentée par Bacon, soient des raisons valables pour établir que Dante fut un émancipé, au sens moderne du mot. Ce que nous croyons juste de dire, c'est qu'il fut bien un fils légitime du Catholicisme, mais un fils qui s'émancipe implicitement, portant inconsciemment les plus terribles coups à l'Église romaine. Cédant à l'influence du milieu, manifestement progressiste, à laquelle le sacerdoce lui-même n'avait pas échappé, en butte à des haines politiques et religieuses, il reçut une impulsion vigoureuse qui contribua à faire de lui un précurseur de la Renaissance, en même temps que, par ses traditions, il restait le fidèle interpète du XIIIe siècle. Selon l'expression de Michelet, « tout en humanisant le Moyen-âge par la force de son cœur, et en le consacrant, en un sens, il le détruisait dans un autre(1) ».

En réalité, Dante ne fut ni un orthodoxe, ni un hérétique, il fut un croyant sincère, rempli de foi, un chrétien à la façon de saint Thomas d'Aquin, cherchant toujours, à l'exemple du franciscain, à concilier le dogme avec la science de son temps. C'est seulement à ce titre qu'il mérite d'être considéré comme un précurseur de l'esprit révolutionnaire, ayant préparé, à son insu, l'émancipation des temps modernes.

Toutefois, à l'exemple de Rivarol qui s'étonne « que les papes aient accepté la dédicace d'un poème où ils sont si maltraités », il est permis de se demander pourquoi l'Église ne s'est jamais élevée contre le texte d'un ouvrage si malveillant à son égard. On pourrait supposer, ou qu'elle a manqué de perspicacité, en s'incorporant l'œuvre de Dante, et en ne soulevant aucune critique radicale contre ses opinions osées et téméraires,

(1) In *Histoire de France au XVIe siècle*, 1855.

ou que, voyant l'admiration croissante, en rapport avec le mouvement des idées, qui s'élevait chaque jour autour du poème, elle a mieux aimé feindre d'ignorer les écarts de doctrine qu'il présentait, et faire de Dante un champion du Catholicisme. Cependant, il nous paraît plus rationnel de penser avec Comte que si elle accepta, sans objection, le poème de la *Divine Comédie,* c'est qu'à son insu, elle fut entraînée elle-même par le mouvement général des esprits à cette époque. « Par la mémorable canonisation du grand docteur scolastique (saint Thomas), d'ailleurs légitimement due à ses éminents services politiques », déclare Comte, « les papes montraient à la fois leur propre entraînement involontaire vers la nouvelle activité mentale et leur admirable prudence à incorporer, autant que possible, tout ce qui ne leur était point manifestement hostile » (1). C'est de cette façon que s'expliquerait le silence de Rome.

Michelet a fait remarquer de son côté que « la parfaite concordance de la théologie de Dante avec celle de saint Thomas fit oublier tout à fait l'audace extraordinaire de la déification de la femme, d'une dame morte récemment et que tout le monde connaissait.... L'Église » dans ses temples, « enseigna gravement l'apothéose de Madame Béatrice de Portinari » (2).

Il est important de remarquer que si cette manière d'agir, adoptée par la cour de Rome, et que Comte a expliquée, eût été impossible à mettre en pratique au temps du grand Hildebrand et de ses successeurs, qui l'eussent repoussée avec indignation, elle était du moins une preuve évidente de la marche des idées et de l'émancipation qui s'opérait inconsciemment au sein même de l'Église.

(1) *Philosophie positive,* 55e leçon.
(2) In *Histoire de France au XVIe siècle,* 1855.

Il nous reste à parler, maintenant, de l'une des questions les plus obscures et les plus controversées qu'ait soulevée l'œuvre du poète florentin, celle de l'individualité de Béatrice et de l'influence qui lui est attribuable dans l'exécution de la *Divine Comédie.*

Fut-elle une réalité, fut-elle une abstraction ?

Certains commentateurs, à l'exemple de Giano Mario Fililfo qui, le premier, au XVe siècle, osa soutenir cette thèse, contestent la personnalité historique de l'héroïne du poème, ou bien, tout en admettant la possibilité de sa vie réelle, comptent pour si peu son rôle qu'ils voient plutôt en elle une allégorie.

Au début du XVIIIe siècle, le savant chanoine florentin, A. M. Biscioni, en a fait l'image de la Sagesse, tandis que plus tard Rossetti l'a considérée comme la personnification de la Monarchie Impériale, et Aroux comme celle d'une sorte de franc-maçonnerie. Aux yeux d'Adolfo Bartoli, l'un des plus remarquables historiens de la littérature italienne, elle serait l'incarnation de la femme « envisagée dans ses qualités les plus nobles, les plus hautes, les plus célestes... », de « la femme terrestre qui, par degrés, s'est acquis quelque chose de l'ange : un être vague, abstrait, impalpable, qui peut bien se concréter un moment en toute figure charmante de jeune fille, mais pour s'envoler de nouveau, sur le champ, vers des formes plus éthérées ». Selon Rémy de Gourmont, Béatrice peut être considérée, soit comme une abstraction poétique, soit comme l'idéalisation d'une créature vivante, mais « dans la seconde hypothèse il reste si peu », dit-il, « de réalité humaine à la femme sortie du cerveau du poète qu'elle est comme si elle n'existait pas (1) ». Pour Péladan, qui ne croit pas à l'histoire amoureuse de la *Vita Nuova,* Béatrice est, au fond, le symbole d'« une religion chrétienne qui a

(1) Dante, *Béatrice et la poésie amoureuse,* 1908.

sombré tout entière dans le mouvement luthérien et dont il ne reste que des romans et des chansons, sans qu'il soit possible de reconstituer sûrement sa théologie (1) ».

Pour étayer leur négation ces divers « allégoristes » se fondent, d'une part, sur les bizarreries et les incohérences apparentes de la *Vita Nuova,* d'autre part, sur la suridéalisation même que le poëte a faite de son idole. Quoi de plus étrange, en effet, que ce violent amour, naissant dans le cœur d'un gamin de neuf ans, que l'incertitude dans laquelle Dante laisse le lecteur sur le nom de cette proche voisine « à laquelle beaucoup de personnes, ne sachant comment la désigner, ont donné le nom de Béatrice (2) ». Peut-on concevoir, qu'amoureux comme il se montre, il n'ait jamais cherché à obtenir la main de celle qu'il adorait? N'est-il pas surprenant de constater qne la jalousie resta étrangère à sa passion violente, même lorsque la jeune florentine fut devenue l'épouse d'un autre ! Enfin est-il admissible que Dante se soit consolé si vite de la perte de sa bien-aimée, qu'il se soit marié peu de temps après sa mort, et que son cœur, de nouveau, ait volé vers d'autres amours, pour revenir ensuite au souvenir de Celle que, dans son œuvre, il a immortalisée? D'autre part, dans les commentaires de ses Canzones (*Convito*), n'atteste-t-il pas lui-même que c'est la vertu et non la passion qui l'a inspiré ? ne prétend-il pas encore, qu'allégoriquement par Amour, qui lui parle de sa Dame, « dans son esprit, il entend l'Etude? » etc., etc...

Quant à ceux qui croient sincèrement à l'existence historique de Béatrice, ils invoquent, à l'appui de leur manière de voir, le sens littéral des œuvres de Dante et s'en rapportent aux écrits de Villani, de Benvenuto d'Imola, de Boccace, ainsi qu'au commentaire de Pietro Dante. « Après

(1) *La Doctrine de Dante,* ch. IV.
(2) *Vita Nuova,* trad. Delécluze.

la mort de la noble Dame », relate ce dernier, « afin de rendre glorieux le nom de celle-ci, Dante voulut l'introduire à maintes reprises dans ce sien poème, sous l'allégorie et le type de la Théologie ».

Cependant, si les « réalistes » sont tombés d'accord sur l'identité propre de la jeune florentine, ils sont loin de s'entendre sur la part de symbole qu'elle incarne. Les uns se refusent même à lui reconnaître toute signification symbolique quelconque, par exemple, Fauriel qui, la considérant comme « une individualité humaine transfigurée », conclut en ces termes : « telle est mon opinion et ma conviction que, s'il était historiquement constaté que Dante ait voulu..... représenter la Théologie sous la figure de Béatrice, j'admettrais l'intention sans pouvoir croire à son accomplissement ; je persisterais à soutenir que telle qu'elle est représentée.... cette figure de Béatrice se refuse à toute interprétation allégorique ». Mais la plupart des réalistes, influencés sans doute, par le commentaire de Pietro Dante, la regardent comme la symbolisation de la Théologie. Ozanam, qui se range parmi ces derniers, lui attribue « un double rôle, réel dans la vie du poète, figuratif dans la fable du poème » (1) ; mais il ne saurait la considérer comme une idée abstraite, tant Dante, lui-même, ajoute-t-il, précise et donne de détails sur elle. Delécluze, qui croit sincèrement à l'existence de la fille de Portinari, explique, en ces termes, l'amour mystique de Dante : « il eut », dit-il, « pour principe et pour cause première un sentiment très réel, mais qui ne tarda pas à se combiner dans son imagination avec ses inventions poétiques et ses études de théologie et de philosophie morale. Dante procéda instinctivement », ajoute-t-il, « de l'amour naturel à l'amour platonique, à peu près de la même manière qu'un peintre habile se sert d'un modèle qui favorise le développement de son idée, pour s'élever

(1) Partie IV, ch. II.

par ce moyen aux hauteurs de l'art où il veut atteindre. Le modèle ne ressemble plus au chef-d'œuvre; mais le chef-d'œuvre n'aurait pu être réalisé sans le modèle » (1).

S'il faut en croire M. de Wyzewa (*Revue des Deux Mondes*, 15 juin 1913), M. d'Ancona, professeur de littérature italienne à l'Université de Pise, dans ses nouveaux *Écrits Dantesques*, considère, comme il l'avait énoncé dès 1865, que dans la personne de Béatrice, il y a une part de vérité et une part de rêve. « Les anciens », dit-il, « objectivaient l'idéal en quelque chose de réel. Dante, lui, — et c'est ce qui le distingue de Boèce, ainsi que des vieux poètes français et de leurs imitateurs, — évite ce procédé de « personnification », qui n'est qu'une façon de concréter l'abstrait; il veut que « sous le vêtement d'une figure ou d'une couleur de rhétorique » se trouve le réel; et aussi son art commence-t-il par poser la « personne ». Que l'on voie de quelle manière il procède dans l'emploi des entités allégoriques introduites dans la *Comédie !* Tout d'abord, nous avons la *personne*, l'être historique, vrai, réel; et puis sur cette personne, il élève le symbole. Il ne va point, par exemple, créer abstraitement un type de la sagesse humaine: mais, pour ce type, il se sert du personnage historique de Virgile. Il ne va point créer un type de la liberté intérieure; mais il affecte à cet usage la figure historique de Caton. Et ainsi de suite. Tout l'univers surnaturel qu'il nous représente a comme un fondement réel..... Le Moyen âge avait donné aux abstractions un corps fictif : Dante, inversement, à des personnes réelles attribue une valeur abstraite». Ainsi procède-t-il pour Béatrice « en élevant et en agrandissant », comme le remarque M. de Wyzewa, « la part de symbole, ajouté par lui à la personne réelle de la jeune patricienne florentine. »

Entre ces deux thèses opposées, l'une « allégoriste »,

(1) Observations sur la Vie nouvelle.

l'autre « réaliste », nous inclinons pour la dernière, tout en reconnaissant, avec M. de Wyzewa, que Dante a favorisé, lui-même, la négation de celle qu'il a aimée, en prêtant le nom de Béatrice à « des entités philosophiques, religieuses, ou morales, qui dépassaient de beaucoup la douce personne réelle de la fille de Messire Folco Portinari », en écrasant la frêle existence de la modeste jeune fille sous le poids d'un trop lourd fardeau d'éloges. Sans vouloir attribuer un mérite surhumain à l'héroïne de la *Divine Comédie*, nous admettrons, avec M. d'Ancona, qu'à côté du rêve il faut faire la part du réel, et nous trouvons que la manière dont Delécluze explique « l'évolution poétique de l'image de la jeune femme » est d'autant plus judicieuse qu'elle se vérifie, à chaque instant, chez les peintres ou les sculpteurs qui se servent des traits de la femme aimée pour représenter, sous une forme concrète, des idées abstraites comme la Gloire, la Vérité, la Science ou l'Amour (1).

Nous ajouterons que la précocité de l'amour de Dante, si étrange qu'elle paraisse de prime abord, n'est pas, tant s'en faut, une exception, et qu'il n'est pas très rare de voir des garçonnets s'énamourer très profondément, soit de fillettes de leur âge, soit plus souvent peut-être, de jeunes filles ou de femme déjà mûres (2).

Quant à la période de passion violente que Dante paraît avoir traversée vers 18 ans, il s'agit, à n'en pas douter, d'un de ces premiers amours, commun chez les jeunes gens (garçons et filles), qui les pousse, à l'heure où se fait en eux une sorte d'efflorescence de leur personnalité morale et physique, à aimer dans une personne de l'autre sexe, rappelant leur propre type, l'idéalisation de leur individualité :

(1) Tel fut le cas de Carpeaux prêtant, à plusieurs de ses figures allégoriques (notamment à ses « rieuses »), les traits de la fille d'un de nos confrères positivistes, M. F..., pour laquelle cet artiste avait conçu, dans sa prime jeunesse, un profond et respectueux amour.

(2) Ces amours d'enfants ont été très finement analysés par Toppfer dans l'une de ses « Nouvelles génevoises ».

semblable à un miroir, l'objet aimé reflète, en quelque sorte, les qualités inhérentes à celui ou à celle qui aime (1). Or, c'est bien d'un tel amour que Dante semble avoir été pénétré, amour idéal, inassouvi, que tout être humain a pu ressentir dans sa jeunesse, que la plupart des hommes gardent au fond de leur cœur, que les poètes chantent dans leurs vers, et qu'il appartenait au génie de Dante d'immortaliser, comme il l'a fait, dans la *Divine Comédie*.

Lorsqu'il rencontra Béatrice, à 18 ans, « vêtue d'un habit d'une blancheur éclatante », c'est la femme rêvée qui apparut à ses yeux, la femme telle qu'il avait aimé la concevoir, c'est-à-dire parée de toutes ses qualités morales, à lui, augmentées de toutes les séductions féminines. Il la divinisa ; or, comme jamais la réalité (puisqu'il l'approcha à peine), ne vint démentir son rêve, elle garda, morte, l'auréole de beauté et de perfection dont il s'était plu à l'entourer vivante. Donc, si la belle jeune fille entrevue sur les bords de l'Arno fut bien la fille de Portinari, il est vraisemblable que la Béatrice de la *Divine Comédie* fut en majeure partie la création du cerveau de Dante.

Ajoutons qu'à nos yeux de positiviste, elle représente surtout l'idéalisation de la femme, envisagée dans son rôle de providence morale de l'homme. Et, sous ce rapport, il nous paraît que la merveilleuse construction de Dante est de nature à contribuer beaucoup plus à l'amélioration de la femme qu'à celle de l'homme, car celle-ci y trouve un modèle de perfection morale à imiter, tandis que si celui-ci s'attendait à rencontrer dans celle qu'il aime l'équivalent du type créé par Dante, il s'exposerait fatalement à de grandes déceptions et à des injustices flagrantes lorsqu'il

(1) Le mode de développement de ce premier sentiment expliquerait pourquoi les unions précoces, contractées sous son influence, sont si souvent malheureuses, l'être choisi ne répondant plus, dans la vie réelle, à l'être imaginé.

serait à même de constater l'écart, naturellement inévitable, qui existerait entre le rêve et la réalité. Pour nous en convaincre nous n'avons qu'à nous rappeler l'exemple du poète lui-même qui, s'il fut subjectivement l'amant incomparable de Béatrice, ne fut pas, à coup sûr, dans la vie pratique, l'époux incomparable de Gemma. Notons en passant que nous devons à l'influence chrétienne ce type de perfection féminine créé par Dante, car si Rome avait relevé la condition de la femme en tant que matrone, c'était au Christianisme et à la Féodalité qu'il appartenait de lui reconnaître une valeur morale, intrinsèque, indépendante de sa fonction d'épouse et de mère. Dès qu'elle fut ainsi pleinement incorporée à la vie sociale, elle fit, selon l'expression d'Ozanam, « les mœurs qui sont plus que les lois ». La chevalerie grandit son influence ; la poésie chanta ses charmes ; et tandis que les Provençaux exaltaient la châtelaine féodale, les poètes italiens célébraient un être mystique « la féminité personnifiée dans une créature idéal » (de Gourmont). Mais c'était à Dante qu'était réservé le rôle de fondre la réalité dans le rêve, en concrétisant la femme sous les traits immortels de la fille de Portinari.

Il ne faudrait donc pas exagérer l'influence de la jeune florentine sur le développement de l'œuvre dantesque. Sans doute cette influence a été réelle en ce sens qu'elle fut l'étincelle qui allume le génie, la charpente qui sert à élever l'édifice, mais elle fut loin d'être exclusive, car, comme nous avons essayé de le faire comprendre, c'est Dante lui-même qui avait créé Béatrice, et c'était la surhumanité du poète qui se reflétait tout entière en elle. Ainsi avons-nous vu Comte, au XIXe siècle, refondre, dans le moule de sa personnalité puissante, la femme qu'il a illustrée sous le nom de Clotilde de Vaux.

Du fait que Dante se révèle, à la fin du XIIIe siècle, comme un poète infiniment supérieur à ceux qui l'ont immédiatement précédé, il ne faut pas conclure que ceux-ci aient été atteints d'une dégénérescence intellectuelle. Avec Auguste Comte, nous devons considérer que toutes les énergies et toutes les capacités des hommes supérieurs du Moyen-âge avaient été absorbées par la constitution du dogme catholique et par l'organisation du régime catholico-féodal, qui répondaient aux besoins les plus pressants du temps. Il fallait que ces deux opérations fussent accomplies pour voir la culture des arts et des sciences refleurir, et des esprits, comme celui de Dante, aptes à les enrichir, donner plein cours à leurs aspirations naturelles. Le même phénomène s'est d'ailleurs reproduit à l'époque de la Révolution française où l'urgence, non moins grande, de la défense nationale, porta toutes les activités vers les emplois militaires.

A la bien observer, la Divine Comédie, que certains regardent comme « une oasis au milieu du désert du Moyen-âge », n'est pas, autant qu'on a voulu le prétendre, une œuvre isolée dans le temps et dans l'espace. De même que la doctrine de son auteur se rattache au passé, de même la donnée du poème se relie à toute une série de fictions et de récits appartenant aux époques antérieures, et est empreinte, comme eux, de ce souci du lendemain de la mort qui a toujours préoccupé l'esprit humain.

Pour expliquer la genèse de la Divine Comédie nous nous bornerons à rappeler l'influence évidente qu'ont exercé sur elle, — d'une part, les Visions, dont nous avons apprécié déjà le rôle dans la littérature chrétienne, à propos de la *Vita Nuova,* — d'autre part, les descentes au séjour des morts que nous retrouvons dans les littératures grecque et latine : Ulysse poursuivant l'ombre d'Ajax dans les lieux infernaux ; Enée courant à la recherche de son père Anchise, etc... Il est vraisemblable que, sous ce rapport, le VIe chant de l'Enéide a été, pour Dante, une source de féconde inspiration. A ces influences polythéiques et médiévales il convient d'ajouter celle exercée par Brunetto Latini lequel, très probablement, contribua à faire germer le plan de la Divine Comédie dans le cerveau de son jeune élève, en l'entretenant, au cours de son enseignement, des idées qu'il a consignées dans le *Tesoretto* (1).

Mais il s'en faut que ce long passé littéraire ait été l'unique source d'inspiration du poète, et on doit admettre, avec la plupart des commentateurs, et notamment avec Ozanam, qu'il eut toujours sous les yeux, dans la décoration des temples religieux d'Italie et de France, la vision de sa *Divine Comédie.* N'était-ce pas le ciel qui se montrait à lui dans les belles mosaïques des églises italiennes, surchargées de saints et d'anges? et lorsqu'il franchit les Alpes, l'art gothique, avec tout le réalisme de sa foi, n'était-il pas de nature à l'inspirer encore? N'étaient-ce pas les sanctions effrayantes de la puissance divine dans un autre monde qui s'offraient aux yeux des croyants, dès leur entrée sous les portails de nos belles cathédrales, si justement qualifiées, par Michelet, d' « actes de foi » ? Il se pourrait même aussi, comme on l'a prétendu, que le poète ait recueilli, dans la contemplation des grandes rosaces éclairant les vastes nefs de ces temples, les éléments qui devaient servir à la description du ciel empyrée de son Paradis, sous la forme d'une gigantesque rose mystique.

(1) « Brunetto s'égare dans une forêt ; bientôt des animaux de toute sorte l'environnent, qui naissent et meurent selon que l'ordonne une femme à laquelle le ciel sert de voile, et dont les bras semblent entourer le monde. Cette femme est la Nature. Brunetto l'interroge, et la déesse lui explique la création et la chute de l'homme ; puis elle le quitte, mais après lui avoir annoncé qu'il verra sur sa route trois voies distinctes : la philosophie le conduira dans la première, le vice dans la seconde, l'amour dans la troisième. Le voyageur trouve en effet le triple carrefour, et, dans le sentier de l'amour, Ovide, avec lequel il cause, et qui lui fait trouver son chemin ». *La Divine Comédie avant Dante,* Ch. Labitte.

L'attribution à Brunetto Latini de l'idée première de la *Divine Comédie* est, selon Labitte, une supposition gratuite contre laquelle Ginguené aurait eu raison de s'élever.

C'est donc bien, à n'en pas douter, sous l'influence d'un long passé, à la fois littéraire et artistique, que Dante a écrit son poème, qui condense les traditions des siècles écoulés et les aspirations de son temps vers l'avenir, et qui met en lumière la parfaite harmonie existant entre l'auteur et son milieu. Loin d'être des prophètes, les poètes ne sont, en effet, que « les échos qui, de leur voix de cristal, répètent aux siècles futurs les grandeurs, les misères, les aspirations, les joies, les souffrances que leurs contemporains muets ne savent exprimer (1) » (Rod).

Si nous considérons maintenant l'édification propre de cette grande épopée, il est à remarquer, avec Pierre Laffitte, que « Dante, au lieu de s'abandonner à une sorte de vagabondage, s'assujettit, » comme le fera plus tard Comte, « aux lois les plus précises dans l'architectonique de son œuvre » (2). En effet, on peut dire que le plan de la *Divine Comédie* est avant tout mathématique, et ce n'est pas sans raison que différents auteurs, et spécialement Hauvette, ont signalé l'abondance des particularités numériques qu'elle présente. A ceux qui douteraient de leur existence, et qui seraient disposés à croire qu'elles n'ont de réalité que dans le cerveau des commentateurs, il suffit de signaler la fin du XXXIIIe chant du Purgatoire :

« Si je pouvais m'étendre, ah ! qu'il me serait doux
De chanter de mon mieux ce breuvage admirable
Qui n'eût jamais éteint ma soif insatiable !

« Mais ayant parcouru, cher lecteur, tout entiers
Les espaces que dut remplir ce second tiers
De mon œuvre, le frein de l'art ici m'enchaîne. »

Ces vers ne renferment-ils pas la preuve de l'étendue que l'auteur avait assignée d'avance à chacune des trois parties de son travail ?

Nous avons vu, dans la *Vita Nuova*, l'importance, attachée

(1) *Dante*, 1891.
(2) Le *Faust* de Gœthe. *Revue Occidentale*, 1er novembre 1891.

par Dante, au nombre 9 et à sa racine 3. Or, la *Vision* se divise en trois parties ou « cantiche » dont chacune, remarque Hauvette, « se décompose en neuf zones auxquelles s'en ajoute une dixième, préliminaire dans l'Enfer et le Purgatoire, terminale dans le Paradis. Chaque « cantica » devrait se composer de 33 chants, ce qui ferait un total de 99 ; mais pour atteindre le chiffre 100 (10×10, perfection de la perfection), la première partie en a 34, soit un chant initial d'introduction générale.... La strophe adoptée est celle de trois vers — *terza rima...* (1) — Enfin, chacune des trois « cantiche » s'achève, non pas sur la même rime, mais sur le même mot *stelle* — les étoiles (2). » Hauvette a découvert que le vers où Béatrice se fait connaître à Dante (regarde bien : je suis Béatrice), est précisément le soixante-treizième du chant, c'est-à-dire qu'il en occupe le milieu et que le chiffre 30 de ce chant est lui-même un des plus nobles, étant le produit de 10×3, etc... Il prétend aussi que le choix de l'année 1300, comme date du pèlerinage de Dante, a été voulu parce qu'aux yeux du poète « cette date avait pour elle la majesté qu'elle doit à sa forme, le nombre 100, produit de 10×10, le chiffre de la centaine, 3 image de la Trinité (3) ».

Ces préoccupations mathématiques qui, pour les esprits superficiels, semblent incompatibles avec tout essor esthétique, n'ont cependant pas empêché Dante de réaliser une œuvre éminemment poétique, et, à ce propos, nous ferons remarquer que si, selon l'expression de Fauriel, « la poésie domine la science » dans l'œuvre dantesque, il s'en faut cependant que la science ait été pour la poésie une si « fâcheuse alliée ». Dante, prétend l'auteur des *Origines de la langue italienne,* « n'a pas l'air de soupçonner qu'il y ait la moindre antipathie entre la science et la

(1) Ce rythme fut emprunté par Dante aux cantilènes des Provençaux.
(2) 3e partie, ch. I.
(3) 3e partie, chap. III.

poésie ». Et pourquoi y aurait-il antipathie? Une goutte d'eau n'est-elle pas à la fois science et poésie? ne se prête-t-elle pas à l'analyse du savant aussi bien qu'à l'idéalisation du poète? En supprime-t-on le charme pour en connaître la formule? Lucrèce, dans l'antiquité, a été le premier à fournir la preuve évidente que la science ne gâte pas la poésie, et, de nos jours, le poème des Sciences, de Sully-Prudhomme, est de nature à nous faire admirer la beauté de leur union.

Écoutons plutôt Herbert Spencer : « N'oublions pas.... » dit-il, « que non seulement la science est à la base de la sculpture, de la peinture, de la musique, de la poésie, mais que la science est encore poésie elle-même. L'opinion commune que la science et la poésie sont opposées l'une à l'autre provient d'une illusion......; ce qui n'est pas vrai, c'est que les faits de science soient en eux-mêmes dénués de poésie, ou que la culture scientifique nous rende impropres à l'exercice de l'imagination et à l'amour du beau. Au contraire, la science ouvre au savant des mondes de poésie là où l'ignorant ne voit rien (1) ».

En réalité, retrancher la science de l'œuvre dantesque équivaudrait à la mutiler. Dire, comme l'a fait Fauriel, que « c'est surtout en oubliant sa science, sa philosophie, sa théologie et, même, ses théories poétiques que Dante a été un grand poète », n'est-ce pas méconnaître d'une manière outrageante l'inspiration et la destination sociales de son art et vouloir absolument prétendre que l'expression se suffit à elle-même? L'opinion d'Hauvette ne nous paraît pas plus heureuse lorsqu'il écrit : « les enthousiasmes du poète et les généreuses aspirations de son cœur, voilà ce qui constitue la force et la beauté de son œuvre, *bien plus que la qualité de ses idées* » (2).

En construisant, avec les pauvres éléments dont il dis-

(1) *De l'Éducation*
(2) 3e partie, ch. III.

posait, un monument tel que celui de la *Divine Comédie*, Dante a fait un prodige, et l'on peut dire que c'est son génie tout entier qui resplendit dans la mise en œuvre gigantesque de son poème. Il peint ce qu'il évoque avec un réalisme incomparable qui, même lorsqu'il conduit à la vulgarité de l'expression, ne saurait blesser l'oreille du lecteur. A ce réalisme, il unit une puissance d'imagination si grande qu'elle ne sera guère dépassée par Shakespeare trois siècles plus tard. Aussi comprend-on aisément que les tableaux vivants, qui se pressent à chaque page du poème, aient inspiré, dans le passé, l'incomparable génie de Michel-Ange (1), et dans les temps modernes, le prestigieux talent de Gustave Doré.

Dans les trois « cantiche », Dante se révèle un minutieux observateur. Comme l'ont fait remarquer la plupart de ses commentateurs, sa vision est extraordinaire et sa mémoire prodigieuse : il a des yeux de lynx auxquels nul détail n'échappe. Le souci de la précision s'ajoute à celui de la réalité, de sorte qu'on le suit exactement partout où il lui plaît de mener le lecteur. Il anime tout ce qu'il touche ; son art est essentiellement concret ; il parvient à masquer l'aridité des raisonnements les plus abstraits au moyen des images. Il analyse les lieux comme les âmes; aussi Rivarol lui a-t-il reproché l'abus de la description et a-t-il déclaré,

(1) Malheureusement, ces dessins précieux ont disparu dans une traversée de Civita Vecchia à Livourne (Drouilhet de Sigalas).

L'admiration de Michel-Ange pour le poète florentin lui a inspiré ce sonnet dont nous empruntons la traduction à Drouilhet de Sigalas :

SUR DANTE.

« Du monde, il descendit aux abîmes aveugles, et, après qu'il eut vu l'un et l'autre Enfer, vers Dieu, soutenu par sa grande pensée, il s'élança vivant, et nous révéla, à nous sur la terre, la vraie lumière.

« Étoile de haute valeur, avec ses rayons il nous dévoila, à nous aveugles, les secrets éternels, et il n'eut pour récompense que ce que le monde méchant donne souvent à ses plus grands héros.

« Ils furent mal connus, l'œuvre de Dante et son grand désir, de ce peuple ingrat qui, seul, aux justes, refuse le salut.

« Cependant, pour être lui, pour son même sort, pour son âpre exil avec son génie, je donnerais la plus heureuse destinée de ce monde. »

plaisamment d'ailleurs, « que là où manque le local finit le poème ». On pourrait mettre en opposition cette forme si concrète de Dante avec celle toute abstraite que nous présente Milton dans son *Paradis perdu :* il ne nous captive pas, comme Dante, par des images saisissantes et vécues ; sa description est plus du domaine de l'invention et, par suite, moins vraie, moins visuelle, pourrait-on dire, que celle de Dante. Même lorsque celui-ci, abandonnant les images, se confine dans le domaine des sensations morales, il demeure réaliste, et il émeut plus profondément que Milton avec ses effets terribles et ses créations symboliques. Prenons comme exemple l'entrée de l'Enfer de la *Divine Comédie* et celle du *Paradis perdu :* la simplicité de la première avec l'inscription, écrite en traits obscurs, se terminant par ces mots, « vous qui me franchissez, laissez-là tout espoir », produit une impression beaucoup plus frappante, tout en étant d'ordre exclusivement moral, que celle de la seconde avec ses triples portes d'airain, de fer, et de diamant. Cette différence dans l'expression ne pourrait-elle pas s'expliquer par cela même que Milton, du fait de sa cécité, ne jouissait pas, comme Dante, de cette faculté d'observation journalière si merveilleusement exploitée par le Florentin, et que, privé du sens de la vue, il dut recourir à une sorte de vision intérieure moins puissante que la vision directe, le souvenir étant normalement inférieur à la sensation.

Si Dante a décrit d'une façon si intense et si belle ce qu'il a vu, il a traduit d'une manière non moins suggestive les passions tendres ou violentes, ce qui a fait dire à Manzoni qu' « il n'a pas été seulement le maître de la colère mais celui du sourire ». En effet, il charme autant qu'il terrifie. Quoi de plus exquis, et de plus simple, à la fois, que l'émouvant épisode de Francesca, dont nous avons déjà parlé, « cette chose tissée avec toutes les nuances de l'arc-en-ciel sur un fond d'éternelle obscurité » (Carlyle).

Quoi de plus dramatique et de plus poignant que le récit de la mort d'Ugolin, et quoi de plus effrayant que le dialogue des tombeaux !

Malgré l'éclat qu'il donne à sa forme, Dante reste toujours l'esclave de sa pensée ; la sobriété de l'expression est liée chez lui à la sobriété du récit, contrairement à Victor Hugo qui, selon la juste remarque de Péladan, « met sans cesse un effet à la place d'une pensée ».

Comme l'a fait observer Sébastien Rhéal, pendant longtemps il fut de bon ton de se préoccuper exclusivement de l'Enfer, et maints traducteurs affectèrent de laisser de côté les deux dernières « cantiche », appelées en librairie « les écailles de l'huître »; « mais aujourd'hui », ajoute ce traducteur de Dante, dans la préface de ses œuvres, « grâce au mouvement plus éclairé des esprits, quoi qu'elles paraissent encore bien dures, un libraire n'oserait éditer l'huître sans les écailles ». Quelques critiques n'ont même pas craint d'affirmer que l'œuvre augmentait de mérite à mesure que l'on s'élevait dans les sphères célestes. Toutefois, si quelques-uns ont considéré le Purgatoire comme le « morceau de choix », pour le plus grand nombre c'est l'Enfer qui reste le chef-d'œuvre.

Dans cette première partie de la *Vision*, Dante a condensé, en plus de son merveilleux talent de poète, toutes ses qualités d'observateur, de moraliste, d'historien. Son art y est tout individuel et n'est pas noyé, comme dans certains passages du Paradis, dans une sorte de mysticisme d'halluciné et de vision d'extatique ; il s'y montre l'homme vraiment humain, qui voit par ses yeux d'homme. Ses personnages sont animés d'une puissance de vie extraordinaire ; il sait nous attendrir sur le sort de ceux qu'il aime et nous courroucer contre ceux qu'il exècre. — Si sa représentation de Satan ne nous inspire plus qu'un sentiment de répugnance, sans aucun mélange de terreur, il est fort à penser qu'il n'en fut pas de même pour ses contemporains chez lesquels elle dut provoquer, grâce à sa laideur voulue, un sentiment de profond effroi. En tant que poète catholique, il n'appartenait pas à Dante d'idéaliser l'esprit de révolte, comme le fit plus tard Milton, qui, en sa qualité de poète protestant, se laissa entraîner à l'idéalisation de Lucifer comme symbolisant l'esprit de libre-examen, et parvint à une création telle, qu'au dire de Lamennais, « jamais le génie humain n'a rien produit de plus grand ». Pour nous, gens du xxe siècle, qui, malgré notre positivité, vivons plus sous l'influence de l'esprit révolutionnaire que sous l'influence de l'esprit catholique, nous sommes amenés, par suite, à faire la comparaison entre ces deux figurations du même personnage et à laisser aller nos sympathies vers le Satan de Milton qui, dans sa chute même, garde toute la « superbe de son orgueil ».

Alors que le poète, par la magistrale envergure de son style et par l'élévation de sa pénsée, arrive à terrifier le lecteur dans cette « cantica » de l'Enfer, avec quel art le voyons-nous se dépouiller de sa fougue altière et implorer doucement les Muses lorsqu'il aborde la plage du *Purgatoire :*

« Muses saintes à qui j'appartiens sans retour
Que ma lyre avec vous remonte vers le jour » (1).

Aux hurlements et aux scènes dramatiques succède le spectacle consolant de ceux qui espèrent, et c'est avec les accents les plus poétiques que Dante se fait « le chantre des douleurs résignées ». Il objective, d'une manière non moins saisissante, ce séjour d'expiation, l'une des créations les plus extraordinaires du catholicisme, grâce à laquelle celui-ci put fortifier le sentiment de la solidarité des générations entre elles, en mettant, au moyen de la prière, les vivants en communion d'esprit avec les morts. Au cours de cette partie du poème, Dante décrit la nature avec une

(1) Chant Ier.

délicatesse et un charme jusqu'alors inconnus : le chant des oiseaux, le bruissement des feuilles, le murmure des ruisseaux s'y mêlent et s'y confondent avec les chœurs des anges. Alors que dans l'Enfer il se montre le « maître de la colère », il se révèle ici le poète, sinon du sourire, tout au moins du sentiment. Dans cette scène si humaine et si profondément émouvante où, devant Béatrice

> « Le front voilé de blanc et d'olivier couvert »,

il s'accuse, et pleure et tremble,

> «.... comme tremble un fils au courroux maternel » (1),

ne sent-on pas que le génie organique et incomparable du poète a su reconnaître combien la supériorité morale l'emporte sur la force physique et sur la supériorité intellectuelle, et ne semble-t-il pas qu'il a compris, implicitement, avant Comte, que l'intelligence doit être la servante du cœur ?

Quant au *Paradis,* dans lequel la richesse de l'expression ne saurait dépasser celle de l'imagination, s'il nous est permis de dire que pour les lecteurs du XXe siècle il est trop surchargé de digressions théologiques, du moins reconnaîtrons-nous que, dans cette « cantica », Dante a mis son art entier au service de sa foi en exposant et en illustrant, d'une manière merveilleuse, tout ce qui se rapporte au dogme catholique. N'oublions pas d'ailleurs, que pour juger équitablement le Paradis il est indispensable de se reporter à l'époque où furent composés ces vers, alors que la théologie primait les autres enseignements et qu'elle représentait la synthèse de toutes les connaissances ; ainsi nous comprendrons plus facilement que ces longues dissertations, qui, maintenant, nous semblent tellement oiseuses, répondaient, de fait, en tous points, aux préoccupations de l'époque. Envisagé à un point de vue exclusive-

(1) *Purgatoire,* chant XXX.

ment artistique, le Paradis est un magnifique feu d'artifice d'étoiles, de fleurs et d'anges, se jouant aux sons des symphonies aériennes. — Néanmoins, il s'en faut qu'il nous apparaisse comme un séjour de paix où tout devrait être harmonie et douceur. Dante était si profondément humain, qu'il n'a pu, malgré le mysticisme dont il se drape et l'extase dont il s'enivre, se dégager complètement de son humanité, et oublier, dans ce séjour empyrée, ses aspirations de justice et de vérité, non plus que ses haines personnelles. Bien que, par moments, nous le voyions essayer de se « transhumaniser » en quelque sorte (comme dans la scène terminale, où, pénétré des mystères qui l'entourent, il a recours à l'intuition, si chère à M. Bergson, pour nous apprendre que tous ces mystères lui sont révélés), combien de fois ne sommes-nous pas rappelés à la triste réalité des misères terrestres, en l'entendant clamer, du sommet de ces régions éthérées, les plus terribles invectives contre les papes, les cardinaux et les prélats ! L'illusion d'un Paradis tel qu'on aimerait à le concevoir, disparaît tout à coup, et l'on est bien déçu, après être monté si haut, et avec tant de peine, de se voir redescendre si bas, aux rives de la querelle et de l'inimitié. De plus, on est choqué d'entendre de telles satires contre l'Église dans ce séjour qui lui appartient. Non pas que ces satires soient déplaisantes en elle-mêmes ; empreintes de vérité, elles sont loin d'être ennuyeuses et monotones, pour nous qui ne sommes plus passionnés de théologie, comme la question des vœux, de la rédemption ou des vertus théologales ; mais elles nous semblent déplacées. Ne détruisent-elles pas, avant tout, ces sentiments de charité chrétienne qui sont précisément le fondement de la doctrine attribuée à Jésus ?

Si le nom de créateur ne saurait être donné à Dante, puisqu'en réalité il ne créa pas, du moins peut-on prétendre qu'il fut un admirable constructeur. Comme le dit Ozanam, il sut réunir ces trois facultés qui composent le génie : « l'intelligence pour percevoir, l'imagination pour idéaliser et la volonté pour réaliser. »

Son art est tellement personnel et si profondément original, qu'à défaut de mot pour le caractériser on lui a donné le nom de dantesque.

Son œuvre a été l'initiatrice et l'inspiratrice des artistes religieux qui illustrèrent les siècles postérieurs, et en tête desquels se placent Michel-Ange et Raphaël. Sous l'heureuse influence du poète, succéda, à la technique byzantine, immuable et contemplative (caractérisée, au XIIIe siècle, par Cimabuë), un art plus réaliste et plus humain qui trouva son expression sous le pinceau de Giotto, l'ami et le contemporain du chantre de Béatrice.

Directement par les critiques personnelles qu'il a introduites dans son poème, indirectement par les commentaires que celui-ci suscita, dès son apparition, on peut dire de Dante qu'il est le père de la critique moderne, car, ainsi que l'expose Drouilhet de Sigalas, « l'influence de la *Divine Comédie* se fit... sentir vivement par l'impulsion qu'elle communiqua à la critique. Elle l'éleva à l'état de science et lui ouvrit des champs nouveaux. En effet, pour expliquer, commenter et comprendre l'œuvre immense d'Alighieri, la critique fut forcée d'élargir sa sphère et d'embrasser à la fois la théologie, la philosophie, l'histoire..., l'astronomie, la physique, la phylologie, le droit, la politique, en un mot de devenir encyclopédique comme le poème qu'elle voulait analyser » (1).

Si l'on veut considérer Dante comme un socialiste, en tant qu'ayant poursuivi la suppression de maints abus sociaux, on peut à meilleur droit le regarder, surtout, comme un réformateur, implicitement révolutionnaire ;

(1) DROUILHET DE SIGALAS : De l'Art en Italie, *La Divine Comédie*, ch. VI.

aussi, est-ce avec intention que Comte l'a apprécié, au cours de la *Politique positive,* non dans les chapitres consacrés à la période catholico-féodale, mais dans ceux réservés à la *Révolution occidentale,* et qu'il a pu le louer d'avoir marqué, par sa composition incomparable, le début de cette révolution.

S'il échoua, au dire de Perrens, dans son désir de procurer à l'Italie l'unité politique, du moins réussit-il à lui donner l'unité dans l'ordre de la pensée, par sa contribution prépondérante à la fondation de la langue italienne ; et cette fondation de l'une des langues les plus remarquables de l'Humanité, n'est pas l'un de ses moindres titres à l'admiration et à la reconnaissance de la postérité. En délaissant le latin, qui avait tant servi la cause du catholicisme, et en le remplaçant par la langue vulgaire, Dante portait inconsciemment un coup terrible à l'Église romaine, car cet idiome, écrit pour tous et compris par tous, allait concourir à l'émancipation des esprits et à la régénération de la foi vers un autre idéal.

Reconnaissons et admirons donc en Dante un bienfaiteur de l'Humanité qui, non seulement a eu le mérite de comprendre la destination sociale de toute activité intellectuelle, mais encore a su esquisser le principe de la séparation des deux pouvoirs, spirituel et temporel ; a mis en lumière le rôle de la femme, comme providence morale de l'homme ; a dégagé du spectacle des passions humaines une philosophie de l'histoire ; a exprimé, en même temps que ses apirations vers une paix universelle, le besoin d'une synthèse subjective ; enfin, a rattaché le passé au présent, et a eu conscience, avant Comte, que « les vivants sont gouvernés par les morts ».

Honorons et vénérons celui qui, pour une si large part, a contribué au progrès moral et intellectuel de la civilisation occidentale, et qui a laissé un nom immortel, gravé en lettres d'or, au frontispice du temple de l'Humanité.

ERRATA

Page 5, ligne 5 : ajouter le mot *systématique* après *introducteur*.

Page 6, ligne 31 : ajouter, entre deux virgules, le membre de phrase, *comme on le sait*, après *qui*.

Page 8, ligne 12, lire *prospérité* au lieu de *propérité*.

Page 17, ligne 6 : ajouter (*Hauvette*) après *féodale*.

Page 17, ligne 8 : lire *celui-ci* au lieu de *ceui-ci* — ligne 21, lire *furent* au lieu de *fut*.

Page 19, ligne 12 : ajouter une virgule après *yeux* et après *fois*.

Page 25, ouvrir des guillemets à la ligne 23, après le mot *Farinata*, et les fermer à la ligne 24 après le mot *orgueil*, et ajouter (*Hauvette*).

Page 30, ligne 31 : ajouter (*Ozanam*) après *Féodalité*.

Page 50, ligne 13 : ajouter une virgule après *et* et après *celui-ci*.

Page 63, ligne 32 : supprimer l' *s* au mot *cantiches*.

Page 81, ligne 13 : ajouter le mot *de* après *digne*.

Page 88, 1re et 2e lignes du dernier alinéa : lire *le conduisait à mépriser spontanément*, au lieu de *lui inspirait un mépris spontané pour*

Page 95, ligne 12 : ajouter une virgule après le mot *dire*.

Page 96, dernière ligne du second alinéa, lire *la* au lieu de *le*.

Page 99, ligne 21, lire : *En cela, comme à propos de la propriété et de l'égalité, il se montre le précurseur de J.-J. Rousseau.*

Page 100, à la 1re ligne du dernier alinéa, lire : *conscience*, au lieu de *sentiment*.

Page 104, dernière ligne, supprimer l'*s* au mot *bienfaiteurs*.

Page 107, reporter le *que* qui commence le premier vers de la citation à la fin de la ligne précédente.

Page 153, ligne 32, ajouter, après le mot *morts* — *de même qu'au Paradis il fait intercéder ceux-ci en faveur de ceux-là.*

TABLE DES MATIÈRES

I

II

III

IV

V

VI

VIII

VIII

CHATEAUDUN. — IMPRIMERIE DE LA SOCIÉTÉ TYPOGRAPHIQUE.

Extrait du Catalogue des Publications Positivistes

AUGUSTE COMTE. Politique positive. 4 vol. in-8, 30 fr. — Philosophie positive. 6 vol. in-8, 30 fr. — Catéchisme positiviste. in-12, 3 fr. — Essai sur la Philosophie des mathématiques. Broch. in-8, 1 fr. — Discours sur l'esprit positif. in-12, 2 fr. — Opuscules de philosophie sociale (1819-1828). in-12, 3 fr. 50. — Calendrier positiviste, 0 fr. 30. — Lettres à Valat. in-8, 6 fr. — Lettres à Stuart Mill. in-8, 10 fr. — Correspondance inédite : quatre volumes in-8, à 7 fr. 50 chaque.

PIERRE LAFFITTE. Philosophie première. 2 vol. in-8, 13 fr. 50. — Catholicisme. 1 vol. in-8, 7 fr. 50. — Positivisme et Économie politique. 0 fr. 50. — La Révolution Française. 1 fr. — Cours d'Histoire générale des sciences, 0 fr. 50. — Le Faust de Gœthe. 4 fr. 50.

EMILE ANTOINE. La Vie et l'Œuvre de P. Laffitte, 1 fr. — La Fête universelle des Morts, 0 fr. 75. — La Fête de Condorcet, 0 fr. 50.

A. ARAGON. Histoire du Positivisme au Mexique, 0 fr. 60.

ÉMILE CORRA. Appréciation générale du Positivisme, 0 fr. 60. — La Troisième République, 0 fr. 75 — Le Sentiment Filial, 0 fr. 30. — La Fraternité, 0 fr. 30 — La Domesticité ; — Le Rôle social des Morts, 0 fr. 75. — Le Culte de l'Humanité et les pèlerinages historiques, 0 fr. 25. — La Philosophie positive, 0 fr. 60. — Les Devoirs naturels de l'homme, 0 fr. 60. — La Morale sociale, 0 fr. 60. — La Morale Primitive, 0 fr. 50.

CONSTANT HILLEMAND. = ART. IN REV. OCCID. (jusqu'en 1906) et in REV. POS. INTERN. (à partir de 1906) : *Condorcet, précurseur de Comte* (juillet 1890) ; *A. Comte médecin* (mai et juillet 1891, janvier et juillet 1892) ; *Hérédité et Éducation* (juillet 1895) ; *Un Programme politique positiviste* (Discours au banquet Waldeck-Rousseau du 9 juillet 1896) avec une *Introduction sur A. Comte et l'Évolution moderne en Philosophie, en Science, en Art,* en *Politique* (sept. 1896) ; *La question de la Dépopulation* (janvier 1901) ; *De la Différenciation organique et de la Civilisation dans leurs Rapports avec l'Étiologie médicale* (juillet 1903) ; *L'Œuvre historique de Condorcet* ou *Introduction à l'étude du Tableau historique des Progrès de l'Esprit humain* (janvier, février, mai, octobre 1905 ; août et novembre 1907 ; août et octobre 1908); *A propos d'un « Essai de Synthèse objective »* de R. Petrucci, *dans ses rapports avec la Synthèse subjective de Comte* (juillet 1908 ; *Contre l'Etatisme* (août 1910) ; *Le Positivisme et la Science* (oct. 1911) ; *Le Mouvement féministe* (août 1912) ; *De la prétendue Folie partielle chronique d'A. Comte* (octobre, novembre 1910 ; janvier, avril, juillet, novembre 1911 ; janvier, avril, octobre 1912; février 1913) ; *La question des Rapports franco-allemands* (juill. 1913) ; *L'Évolution de l'Activité humaine et la 8e Loi de Philosophie première* (août 1913) ; *La Patrie et l'Humanité* (août 1914). = PUBLICATIONS SPÉCIAL. *Introduction à l'Etude de la Spécificité cellulaire chez l'homme*, Paris, 1889 (Steinheil), 90 p., in-8, 1 fr. 50 ; *Introduction à l'Etude des Tumeurs* (*Considérations générales sur leur Histogénie et sur leur Pathogénie*), 32 p. in-12, août 1897 ; *L'Attraction des Semblables : son Rôle dans la formation des Variétés, des Races, des Espèces ; son Explication* (in LA CLOCHE des 24, 25, 26 juillet 1898) ; *Organothérapie ou Opothérapie,* 53 p., in-12, Steinheil), 1899, 0,75 ; *Manuel Moynac de Pathologie générale et de Diagnostic,* 6e édit., revue et considérablement augmentée (de 524 p.), 2 vol. in-12, l'un de 750 p., l'autre de 828 p. (Steinheil), 1903-1904, 12 fr. ; *Les 3 ans* (in LES DROITS DE L'HOMME du 13 avril 1913) ; — En collaboration avec R. PETRUCCI, la 5e édition du *Manuel Moynac de Patholog. générale et de Diagnostic,* revue et considérablement augmentée (de 267 p.), notamment d'une *Théorie de l'Hérédité,* d'une *Théorie de l'Immunité,* de 2 chapitres de *Pathogénie et de Physiologie pathologique générales,* parus in REV. OCCID. de mai, juillet, septembre 1897. Paris, 1898, 1 vol. de 1054 p. (épuisé).

ONT PARU

Bibliothèque Positiviste. — BICHAT : ANATOMIE GÉNÉRALE APPLIQUÉE A LA PHYSIOLOGIE ET A LA MÉDECINE. Nouvelle édition conforme à celle de 1801. Deux beaux vol. in-8 de 525 p. et 606 p., très bien imprimés. Prix d'édition de l'ouvrage complet : 7 fr. 50, (beau papier ordinaire) ou 11 fr. (papier de luxe), à la librairie Steinheil, rue Casimir-Delavigne, 2, Paris vi^e. — CONDORCET : TABLEAU HISTORIQUE DES PROGRÈS DE L'ESPRIT HUMAIN. Nouvelle édit. complète et conforme à celle (épuisée) de 1847, un beau vol. in-8 de 480 p., soigneusement imprimé, édité à 5 fr. chez Steinheil.

AUGUSTE COMTE : DISCOURS SUR L'ENSEMBLE DU POSITIVISME, Édition du Cinquantenaire, avec Notes, Sous-Titres et Table analytique, 1 vol. de 425 p., édité à 3 fr. 50 (1907).

Publications Positivistes. — CONSIDÉRATIONS GÉNÉRALES SUR L'ENSEMBLE DE LA CIVILISATION CHINOISE ET SUR LES RELATIONS DE L'OCCIDENT AVEC LA CHINE, par PIERRE LAFFITTE, 1 vol. in-8, de 150 p., édité à 1 fr. 50 (1900). — L'ŒUVRE D'AUGUSTE COMTE ET SON INFLUENCE SUR LA PENSÉE CONTEMPORAINE, par HECTOR DENIS, Professeur à l'Université libre de Bruxelles, broch. in-8 éditée à 0 fr. 50 (1901). — JEAN CANORA : MOLIÈRE MORALISTE (*Recherches sur le Criterium de la Morale pratique)*, broch. de 32 p., édit. à 0 fr. 50 (1901). — P. GRIMANELLI : LA CRISE MORALE ET LE POSITIVISME, 1 vol. de 400 p., édité à 4 fr. (1904) ; A PROPOS DU DIVORCE, 0,30 (1908). — TRANSITION, Roman positiviste, par MAURICE AJAM, 1 vol. de 240 p., édité à 3 fr. 50 (1905). — V.-E. PEPIN : LA GÉOMÉTRIE NON-EUCLIDIENNE DANS SES RELATIONS AVEC LA CONCEPTION INFINITÉSIMALE, broch. de 47 p., éditée à 0 fr. 75 (1906) ; LA RÉFORME DE LA MAGISTRATURE, civile et judiciaire, 1 vol. de 300 p., édité à 3 fr. (1909). — ESQUISSE D'UNE HISTOIRE DE L'ÉCONOMIE POLITIQUE, par JOHN KELLS INGRAM, L. L. D. Professeur honoraire du Trinity College, Dublin, traduite par V.-E. PEPIN, 1 vol. de 300 p., éditée à 4 fr. (1907). — LE POSITIVISME ET LE MOUVEMENT SOCIAL, par ÉMILE DELIVET, broch. de 32 p., éditée à 0 fr. 35 (1907). — LA VIE ET L'ŒUVRE DE AUGUSTE COMTE ET DE PIERRE LAFFITTE, par le Dr CONSTANT HILLEMAND, avec un grand nombre d'*Aperçus divers* sur le Positivisme, broch. de 136 p. Prix net, 1 fr. 75 (1908). — LA PEINE DE MORT ET LA PHILOSOPHIE POSITIVE, par le Lieutenant-Colonel REMY, broch. de 24 p. 0 fr. 50 (1908). — G.-H. LEWES : LA PHILOSOPHIE DES SCIENCES DE COMTE, traduction par Mme HILLEMAND-JOYAU, avec Préface du Dr CONSTANT HILLEMAND, 1 vol. in-8 de 380 p. Prix net, 4 fr. (1910). — L'ART DANS LE POSITIVISME, par CHRISTIAN CHERFILS, broch. in-8 (1911). — ÉMILE CORRA, LA MORALE POLITIQUE, 1 fr. (1908) ; LE RÔLE SOCIAL DES ANIMAUX, 0,30 ; LAMARCK ET SON ŒUVRE, 0,75 ; LE MARIAGE, 0,75 (1909) ; L'UNIFICATION DU GENRE HUMAIN, 1 fr. 50 ; LA PATERNITÉ, 0,75 (1912) ; LA FÊTE DU FEU, 1 fr. (1912) ; LA NEUVIÈME CROISADE, 0,15 (1913) ; LA PATRIE, 1 fr. (1913) ; L'HUMANITÉ, 1 fr. (1914). — MARCEL BOLL, LE PROBLÈME DE LA MORT, *ses solutions actuelles*, 0 fr. 30 (1912) ; LA PHILOSOPHIE SCIENTIFIQUE, 1 fr. (1913).

POUR PARAITRE ULTÉRIEUREMENT :

L'ŒUVRE HISTORIQUE DE CONDORCET, par CONSTANT HILLEMAND, 1 vol. d'environ 250 p. — HISTOIRE BIOGRAPHIQUE DE LA PHILOSOPHIE, par G.-H. LEWES, trad. de PAUL DESCOURS et V.-E. PEPIN, 1 vol. d'environ 1000 p.

Adresser les demandes et les mandats à M. l'Administrateur, de la Revue Positiviste Internationale, 54, rue de Seine, Paris, VIe.

Envoi franco au reçu de la valeur en mandat-poste.

CHATEAUDUN. — Imprimerie de la Société Typographique.

www.ingramcontent.com/pod-product-compliance
Ingram Content Group UK Ltd.
Pitfield, Milton Keynes, MK11 3LW, UK
UKHW022108260726
13993UKWH00001B/390